Melle Cunéo
Institutrice C.A.I.E.M.

La Lecture
Attrayante et rapide

2ème Série

PARIS
FERNAND NATHAN
Editeur

INTRODUCTION

L'Apprentissage de la lecture par la méthode double
a inspiré à Mademoiselle Cunéo un excellent travail, qui se
présente aux enfants sous la forme la plus ingénieuse, la plus
aimable, la plus originale, bien faite pour justifier la promesse
de ce Livre-Jeu : "La lecture attrayante et rapide".

Ce que l'enfant aimera d'abord, ce sont les jolies images
qui fleurissent de toutes parts, les gentilles silhouettes enfan-
tines, toutes pareilles à lui, qui semblent lui faire signe par
dessus le mur du jardin ou par la porte ouverte. Et les
signets qui sont les étiquettes de lecture globale s'accrochant
à ces pages animées amènent tout naturellement l'idée de jeu.

Ainsi donc, voici les signes mystérieux qui veulent
dire : Guignol, une poupée, du chocolat, la locomotive,
une automobile. Bien vite ils ne seront plus un mystère et
on voudra une autre difficulté : C'est encore bien amusant
de remettre en place ces petits bouts de mots que les
grandes personnes appellent syllabes. Si amusant qu'on en
retiendra assez vite la physionomie et le nom et qu'on ne

une [ ] gie

une [ ] pée

un [ ] ton

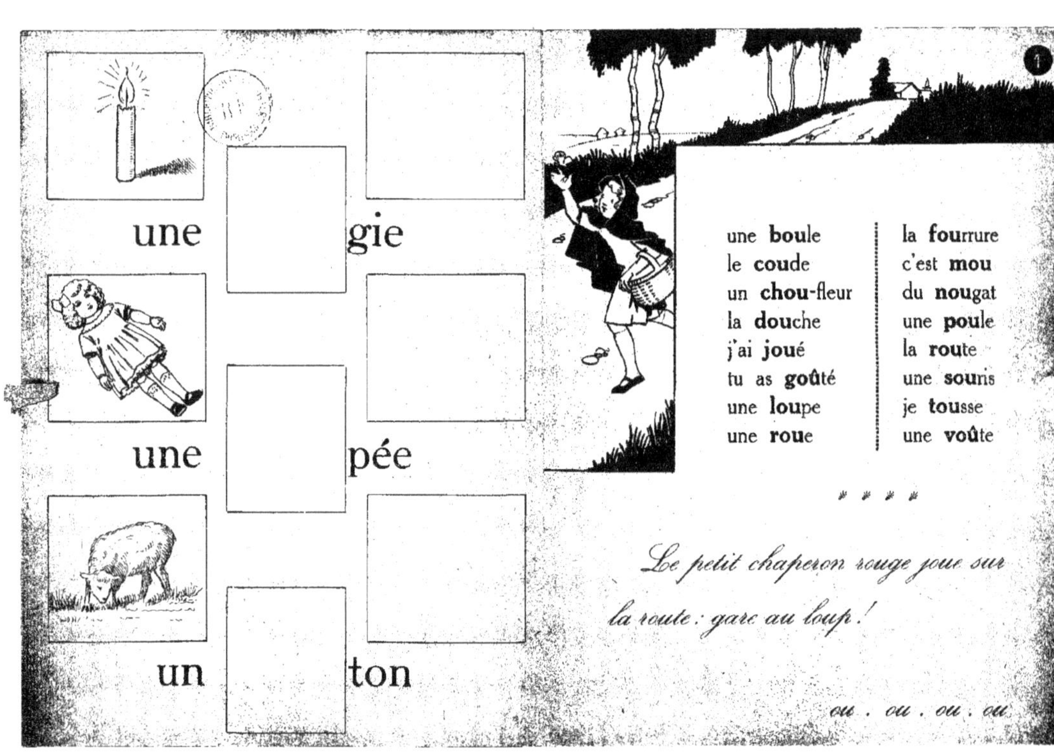

* * * *

Le petit chaperon rouge joue sur

la route : gare au loup !

ou . ou . ou . ou.

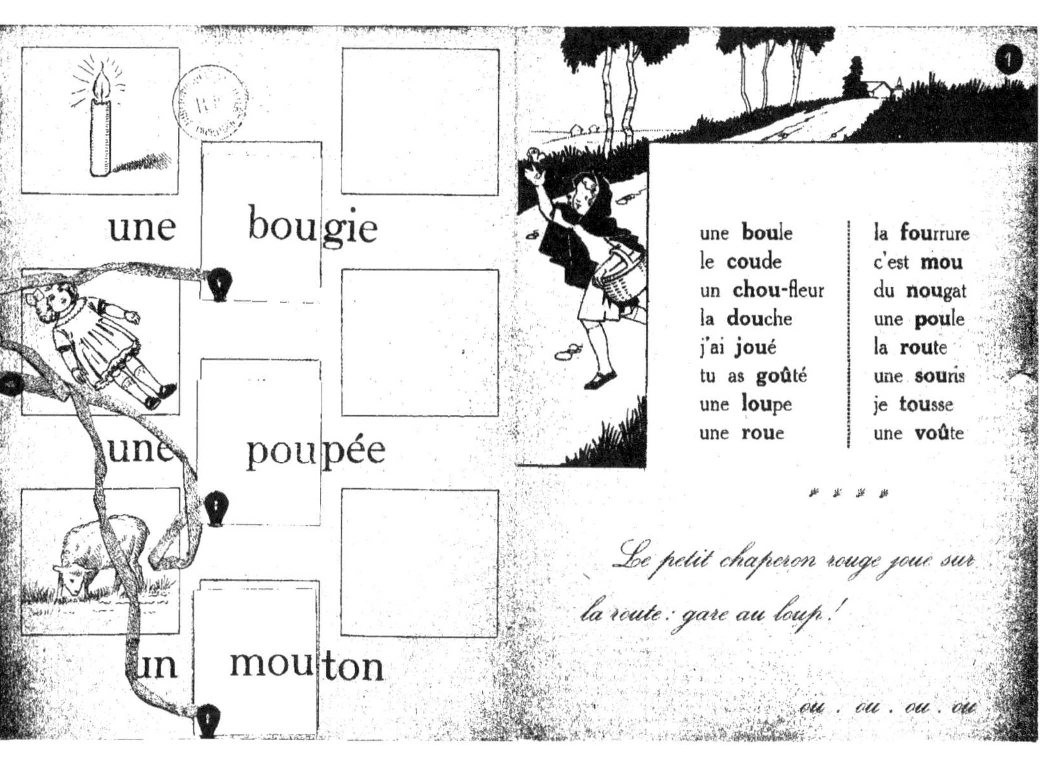

une **bougie**

une **poupée**

un **mou**ton

une **bou**le	la **fou**rrure
le **cou**de	c'est **mou**
un **chou**-fleur	du **nou**gat
la **dou**che	une **pou**le
j'ai **joué**	la **rou**te
tu as **goû**té	une **sou**ris
une **lou**pe	je **tou**sse
une **rou**e	une **voû**te

* * * *

Le petit chaperon rouge joue sur la route : gare au loup !

ou . ou . ou . ou

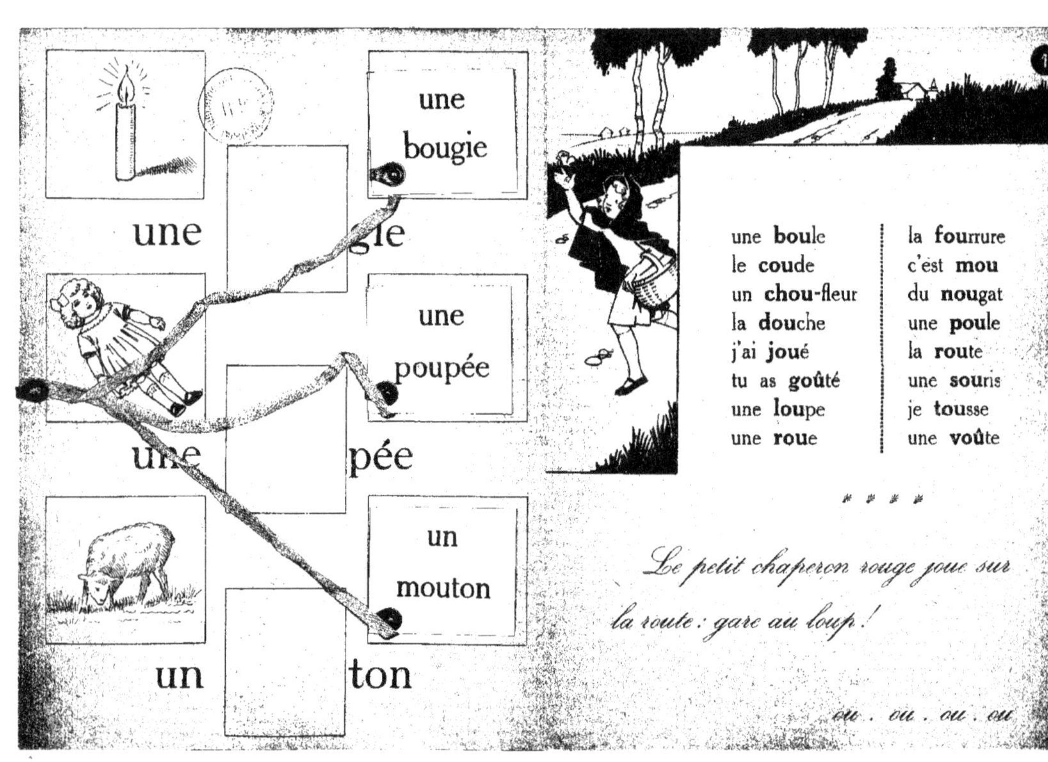

une

une
bougie

gie

une
poupée

pée

un
mouton

un   ton

une boule
le coude
un chou-fleur
la douche
j'ai joué
tu as goûté
une loupe
une roue

la fourrure
c'est mou
du nougat
une poule
la route
une souris
je tousse
une voûte

* * * *

Le petit chaperon rouge joue sur
la route : gare au loup !

ou . ou . ou . ou

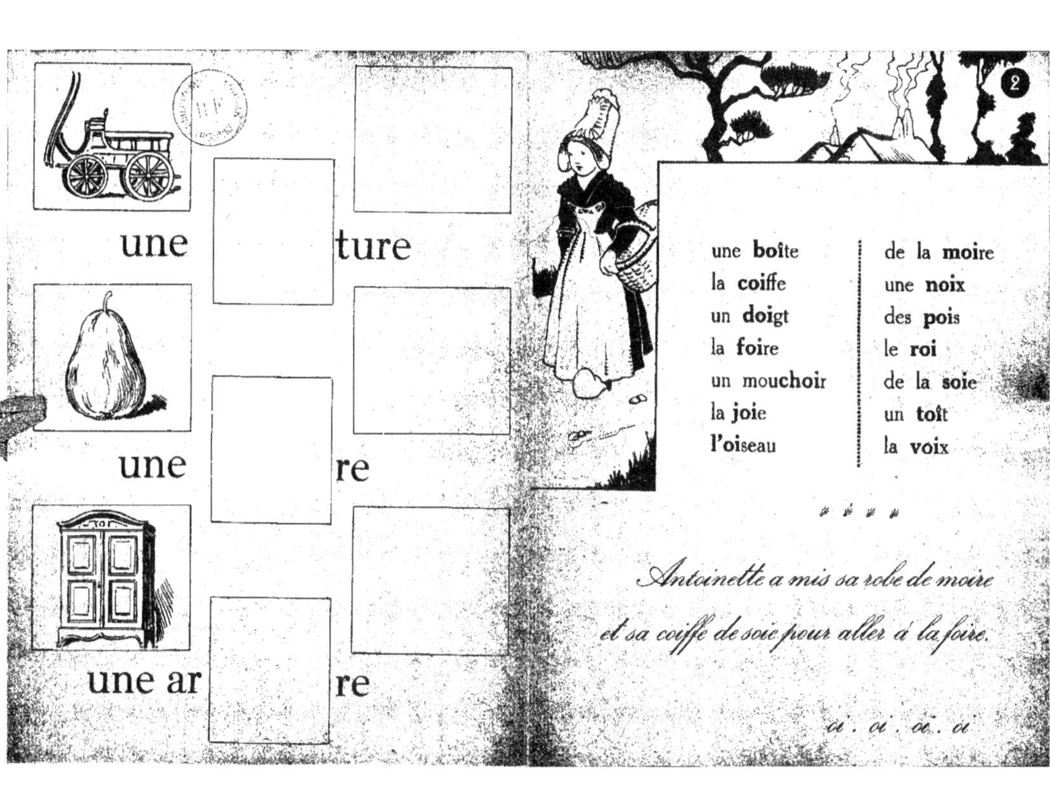

une _____ ture

une _____ re

une ar _____ re

une **boî**te   de la **moi**re
la **coi**ffe   une **noix**
un **doi**gt   des **pois**
la **foi**re   le **roi**
un mou**choi**r   de la **soi**e
la **joi**e   un **toî**t
l'**oi**seau   la **voix**

Antoinette a mis sa robe de moire

et sa coiffe de soie pour aller à la foire.

oi . oi . oi . oi

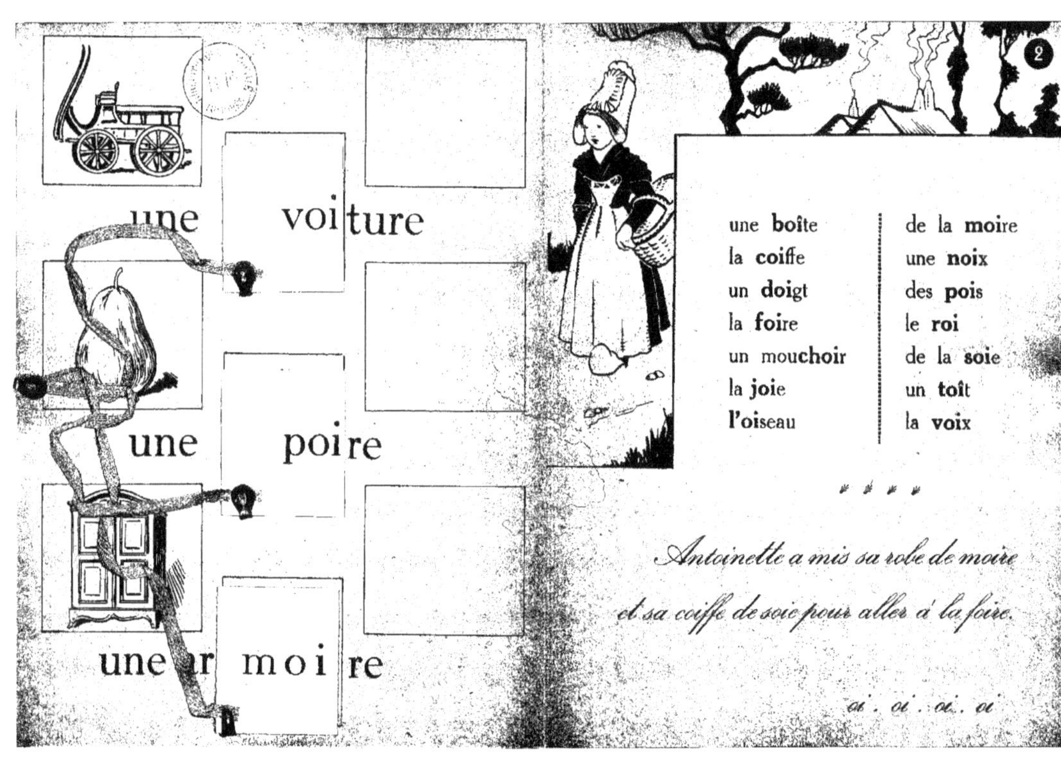

une **voiture**

une **poire**

une **armoire**

une **boî**te	de la **moi**re
la **coi**ffe	une **noi**x
un **doi**gt	des **poi**s
la **foi**re	le **roi**
un mou**choi**r	de la **soi**e
la **joi**e	un **toî**t
l'**oi**seau	la **voi**x

Antoinette a mis sa robe de moire
et sa coiffe de soie pour aller à la foire.

oi . oi . oi . oi

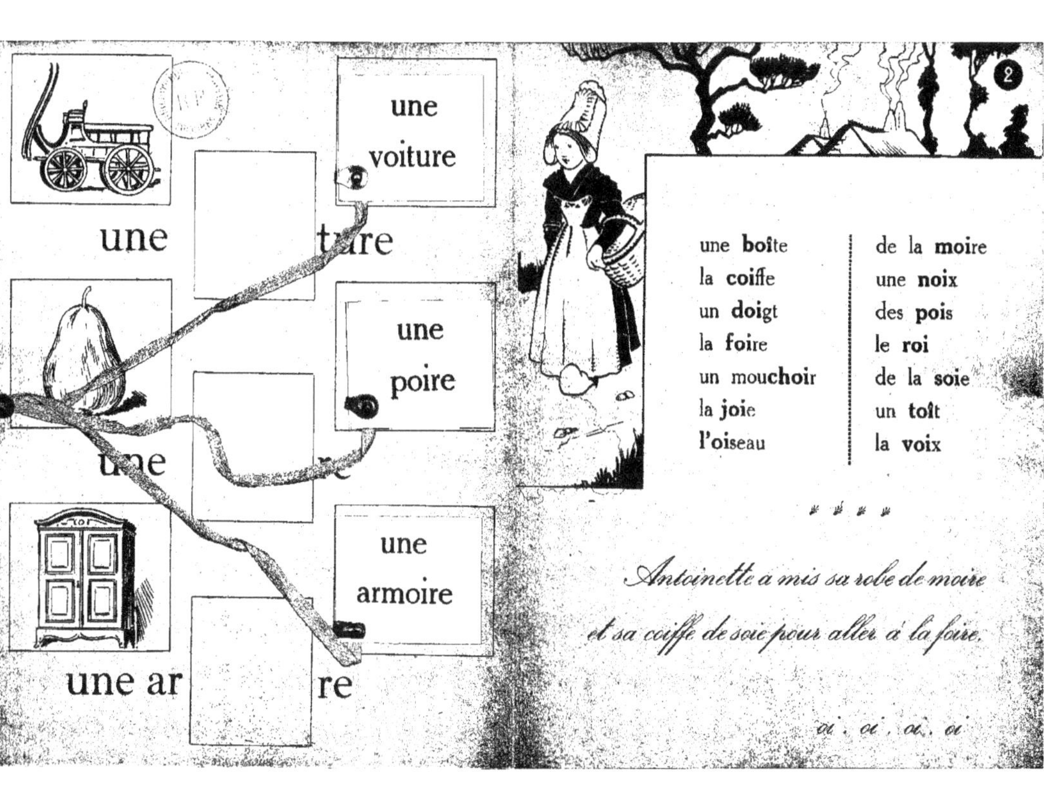

une **boî**te   de la **moi**re
la **coi**ffe   une **noi**x
un **doi**gt   des **poi**s
la **foi**re   le **roi**
un mou**choi**r   de la **soi**e
la **joi**e   un **toî**t
l'oiseau   la **voi**x

Antoinette a mis sa robe de moire
et sa coiffe de soie pour aller à la foire.

oi, oi, oi, oi

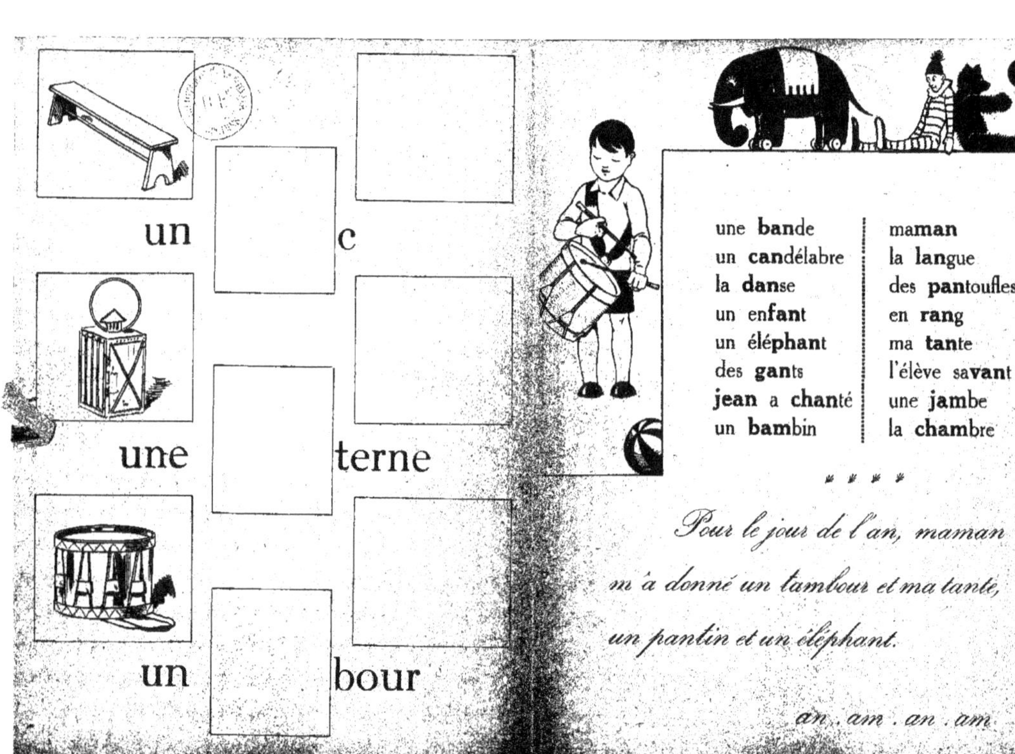

un   c

une   terne

un   bour

une **ban**de   ma**man**
un **can**délabre   la langue
la **dan**se   des **pan**toufles
un en**fan**t   en **rang**
un élé**phan**t   ma **tan**te
des **gan**ts   l'élève sa**van**t
jean a **chan**té   une **jamb**e
un **bam**bin   la **chamb**re

Pour le jour de l'an, maman

m'a donné un tambour et ma tante,

un pantin et un éléphant.

an . am . an . am

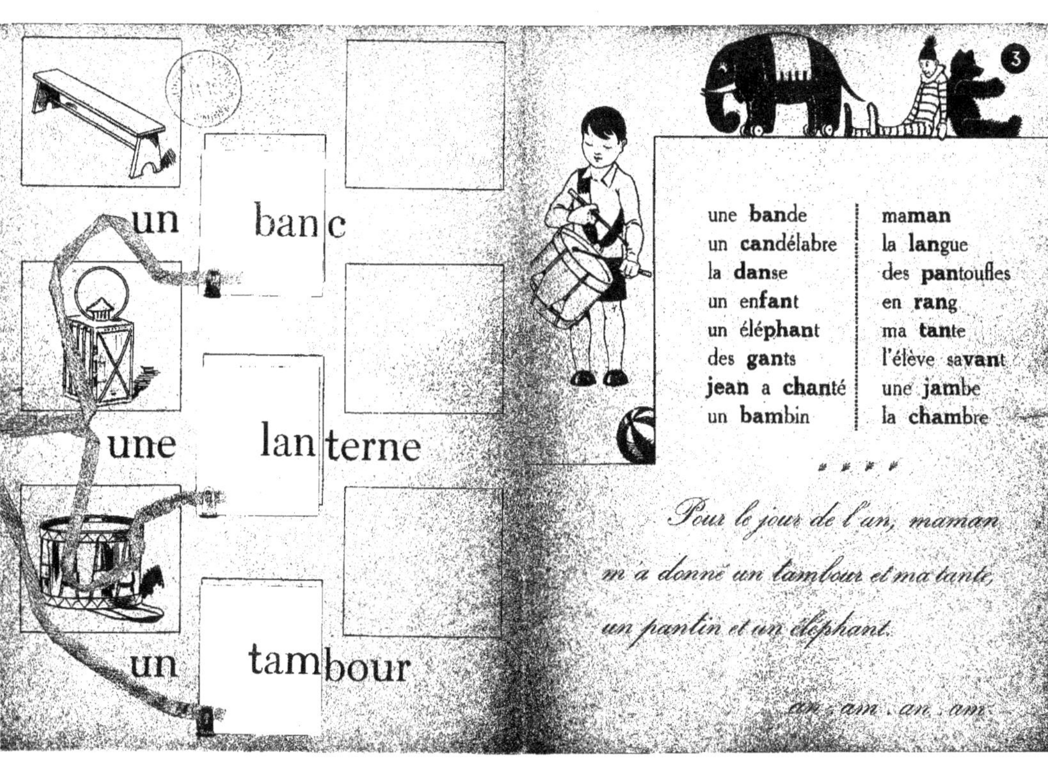
un banc
une lanterne
un tambour
3
une bande
un candélabre
la danse
un enfant
un éléphant
des gants
jean a chanté
un bambin
maman
la langue
des pantoufles
en rang
ma tante
l'élève savant
une jambe
la chambre
Pour le jour de l'an, maman m'a donné un tambour et ma tante, un pantin et un éléphant.
an, am, an, am

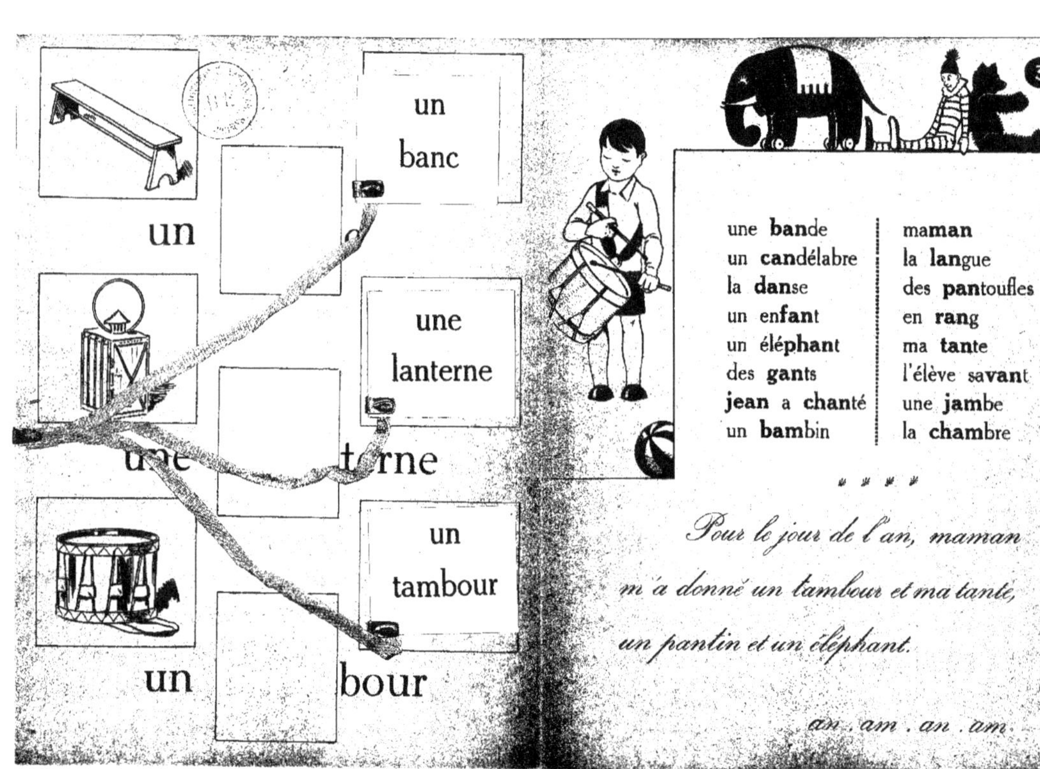

un
banc

une
lanterne

un
tambour

un

une

t rne

un   bour

une **ban**de   ma**man**
un **can**délabre   la **lan**gue
la **dan**se   des **pan**toufles
un en**fant**   en **rang**
un élé**phant**   ma **tan**te
des **gan**ts   l'élève sa**vant**
jean a chanté   une **jam**be
un **bam**bin   la **cham**bre

Pour le jour de l'an, maman
m'a donné un tambour et ma tante,
un pantin et un éléphant.

an . am . an . am.

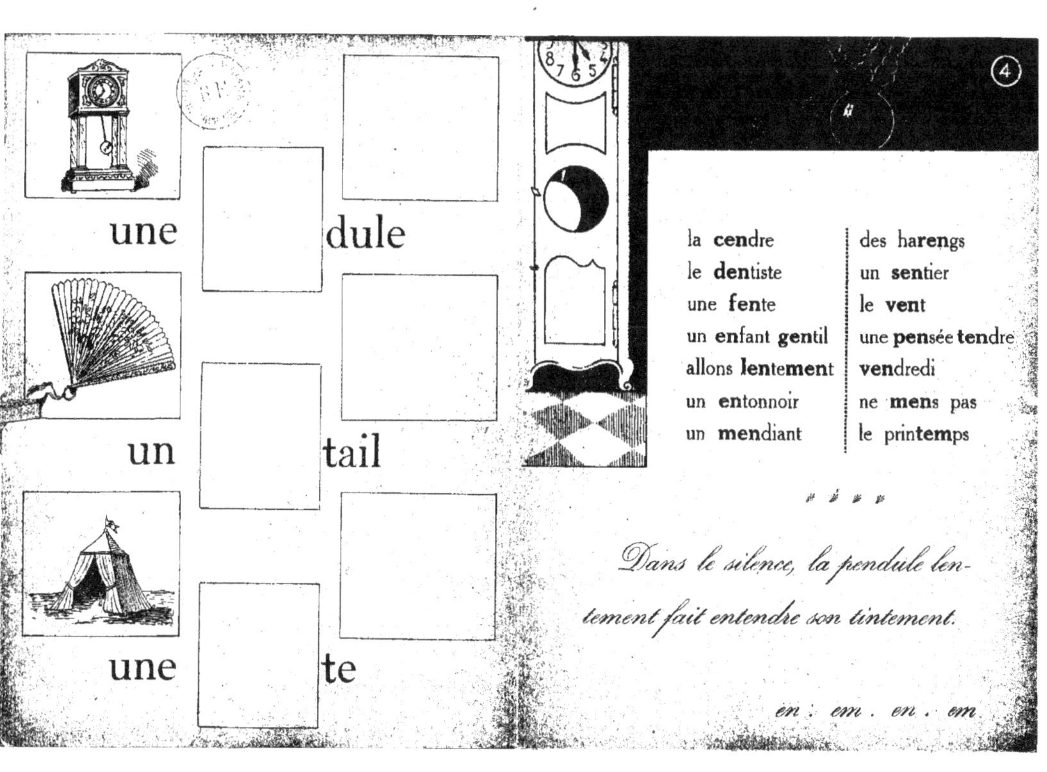

Dans le silence, la pendule lentement fait entendre son tintement.

en : em . en . em

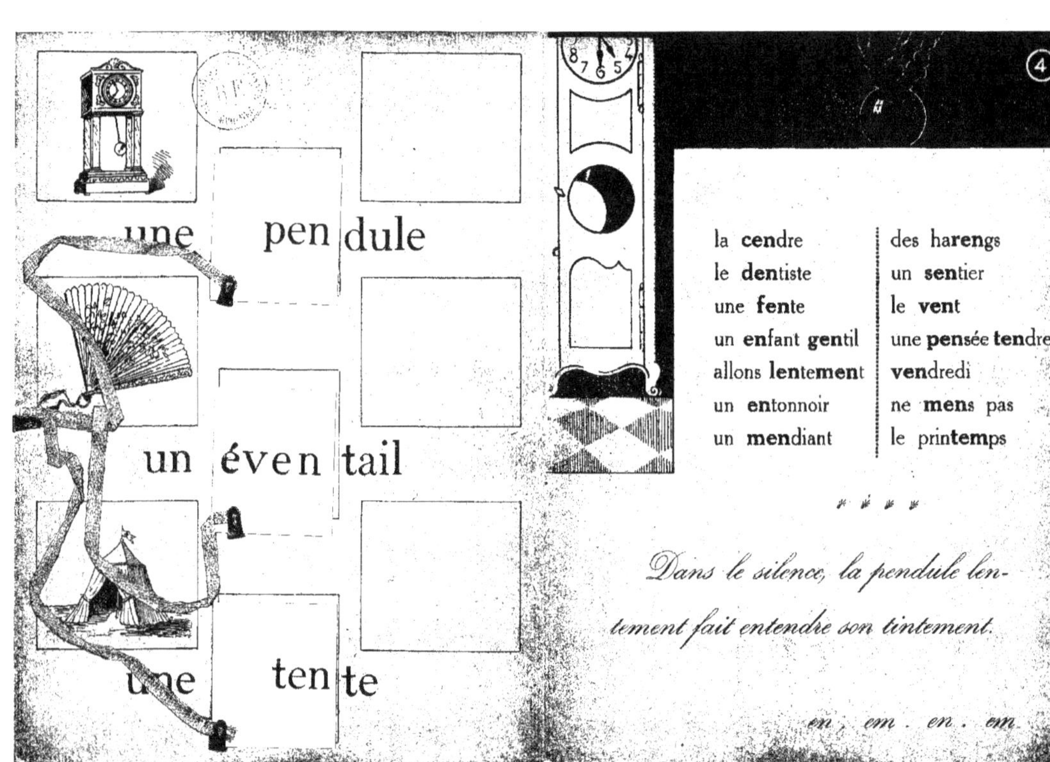

Dans le silence, la pendule len-
tement fait entendre son tintement.

en . em . en . em

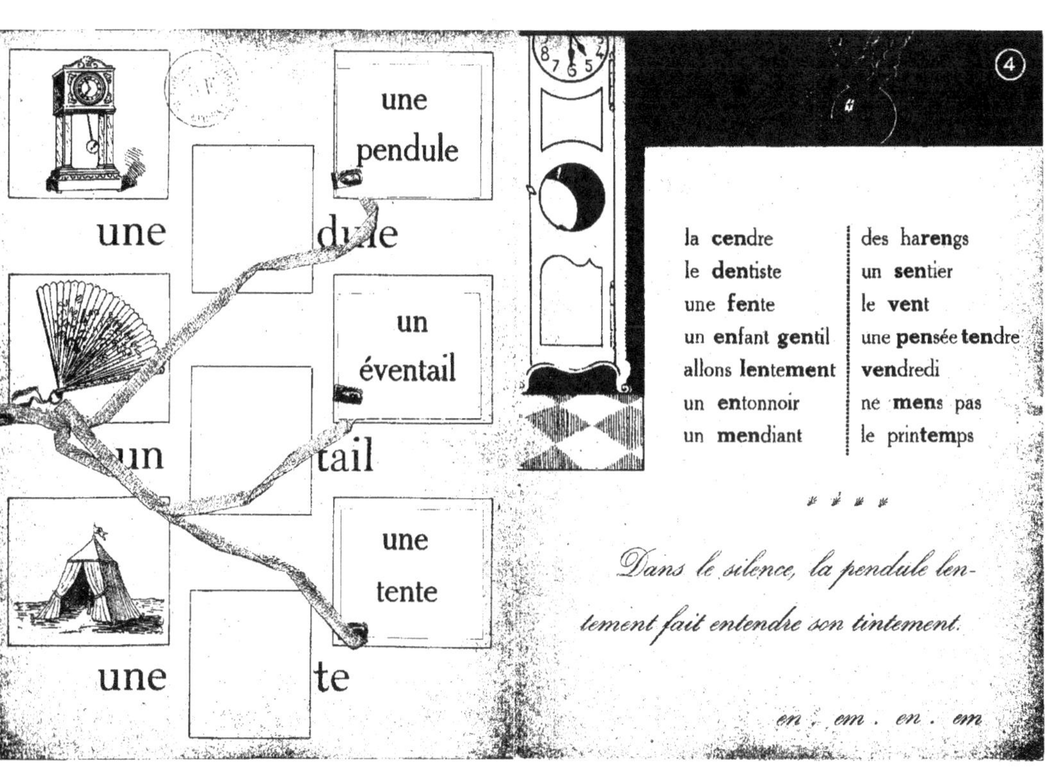

la **cen**dre — des ha**ren**gs
le **den**tiste — un **sen**tier
une **fen**te — le **ven**t
un **en**fant **gen**til — une **pen**sée **ten**dre
allons **len**tement — **ven**dredi
un **en**tonnoir — ne **men**s pas
un **men**diant — le prin**tem**ps

Dans le silence, la pendule lentement fait entendre son tintement.

en . em . en . em

un se

un la

du rai

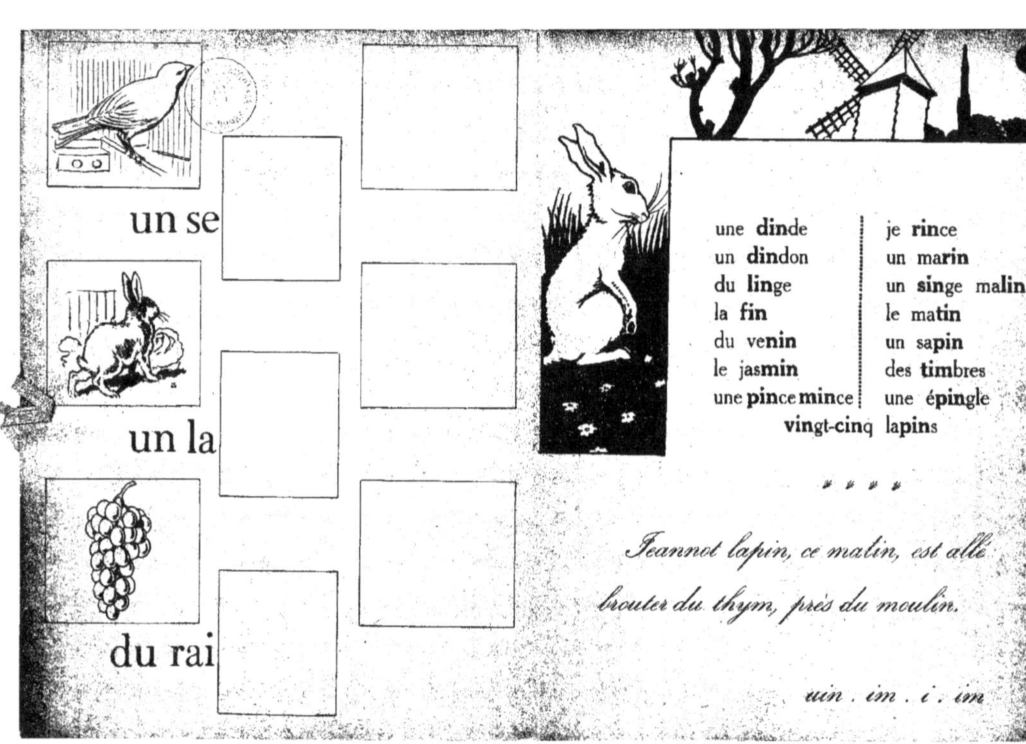

une **din**de   je **rin**ce
un **din**don   un ma**rin**
du **lin**ge   un **sin**ge ma**lin**
la **fin**   le ma**tin**
du ve**nin**   un sa**pin**
le jas**min**   des **tim**bres
une **pin**ce **min**ce   une é**pin**gle
     vingt-**cin**q la**pin**s

Jeannot lapin, ce matin, est allé

brouter du thym, près du moulin.

uin . im . i . im

un se|rin

un la|pin

du rai|sin

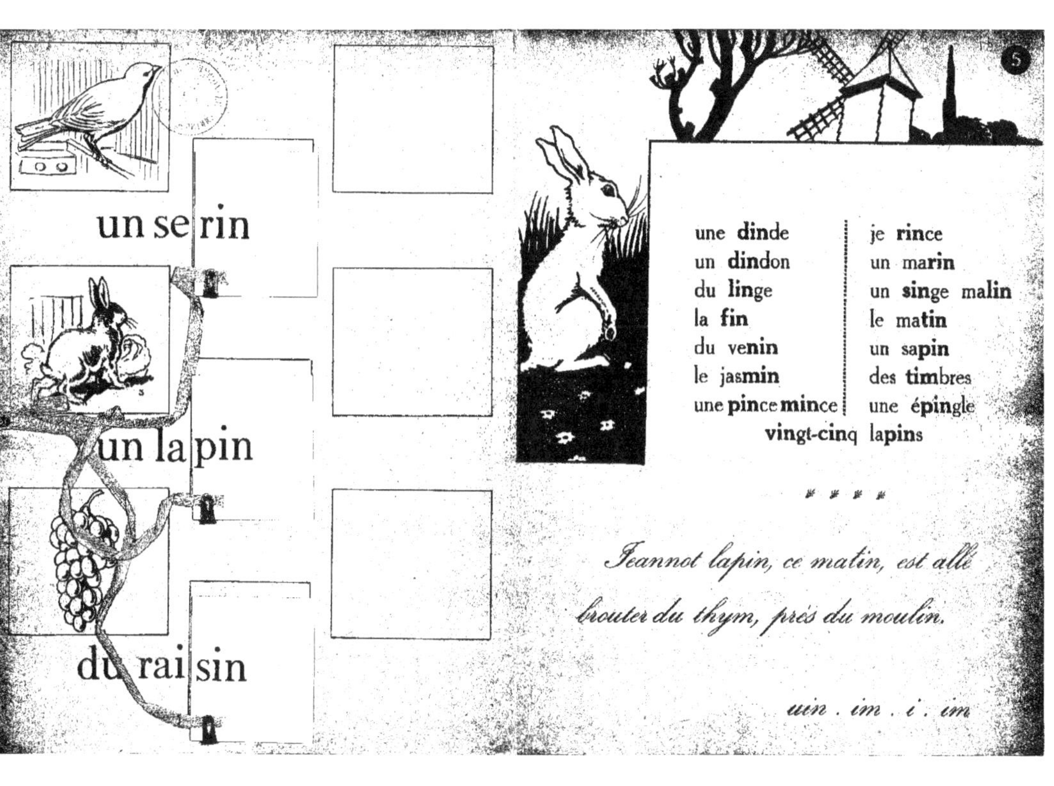

une **din**de	je **rin**ce
un **din**don	un ma**rin**
du **lin**ge	un **sin**ge ma**lin**
la **fin**	le ma**tin**
du ve**nin**	un sa**pin**
le jas**min**	des **tim**bres
une **pin**ce **min**ce	une é**pin**gle
vingt-cinq la**pins**	

Jeannot lapin, ce matin, est allé

brouter du thym, près du moulin.

uin . im . i . im

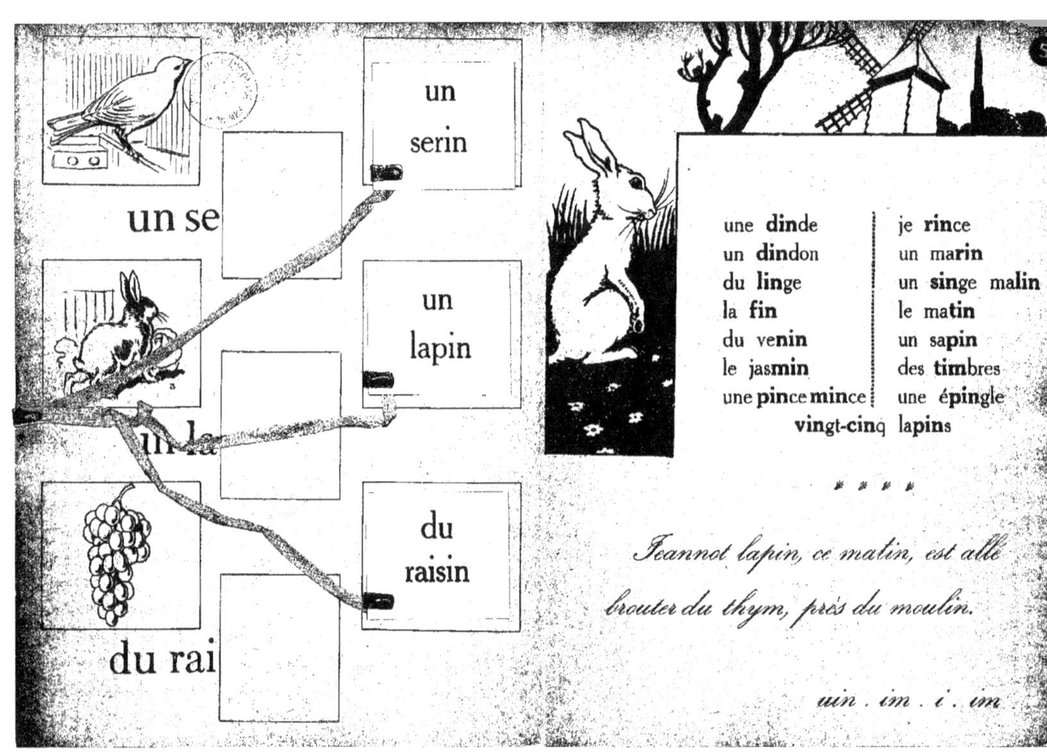

un
serin

un se

un
lapin

un la

du
raisin

du rai

une dinde
un dindon
du linge
la fin
du venin
le jasmin
une pince mince
vingt-cinq lapins

je rince
un marin
un singe malin
le matin
un sapin
des timbres
une épingle

Jeannot lapin, ce matin, est allé
brouter du thym, près du moulin.

uin . im . i . im

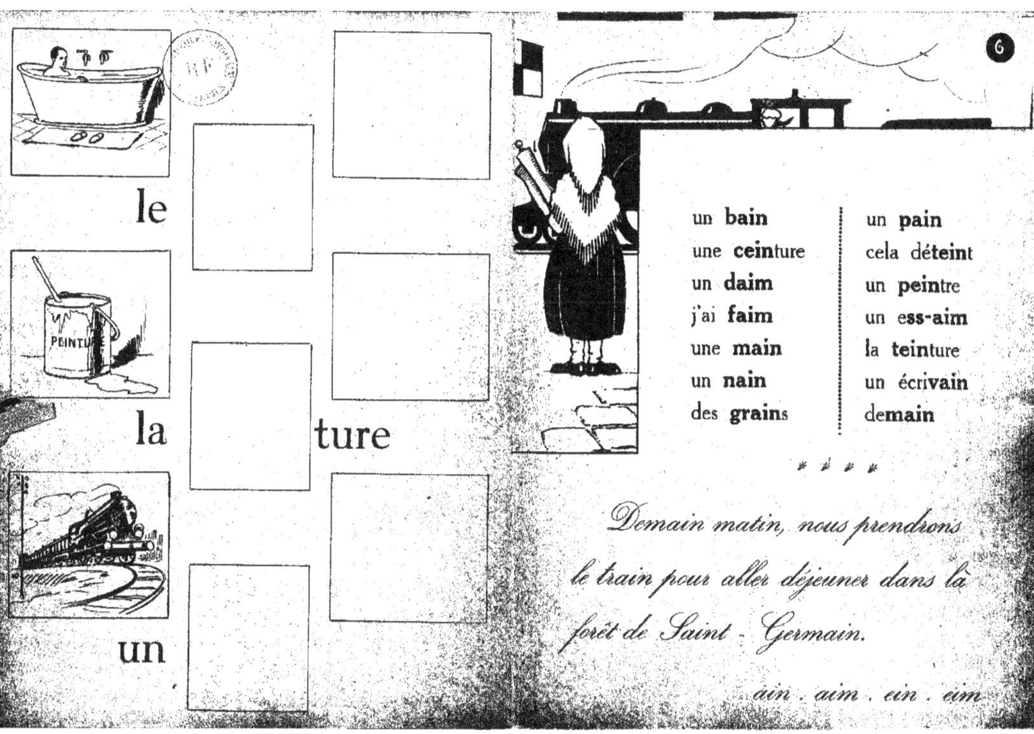

un **bain**	un **pain**
une **cein**ture	cela dé**teint**
un **daim**	un **peintre**
j'ai **faim**	un e**ss-aim**
une **main**	la **teinture**
un **nain**	un écri**vain**
des **grains**	de**main**

* * * *

Demain matin, nous prendrons le train pour aller déjeuner dans la forêt de Saint - Germain.

ain . aim . ein . eim

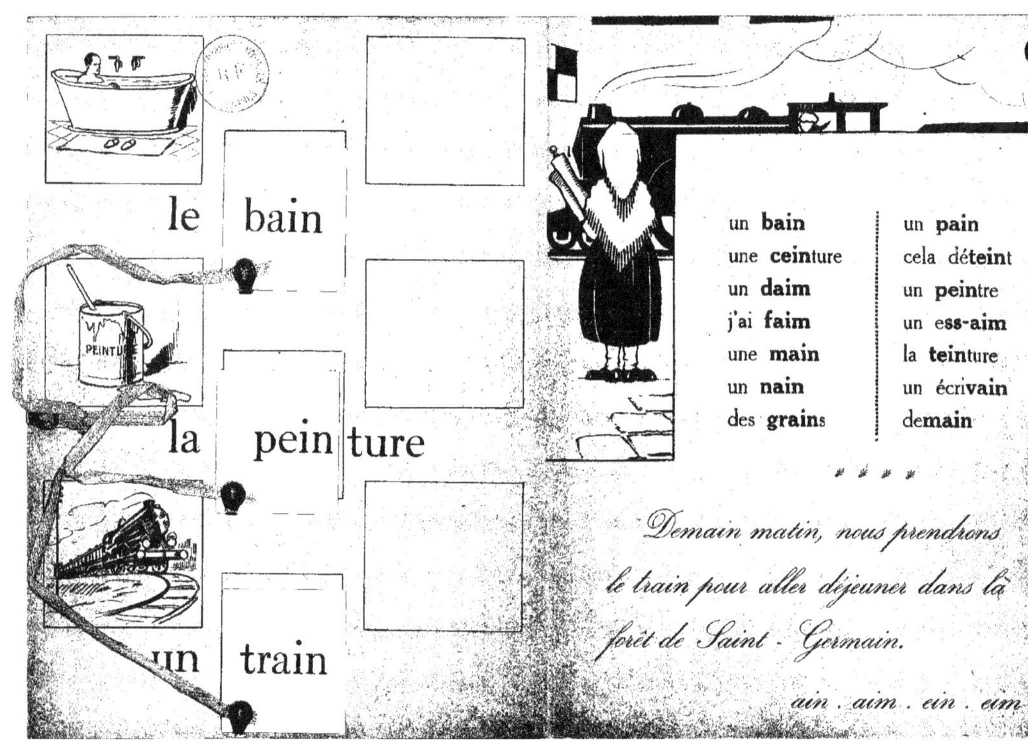

le **bain**

la **pein**ture

un train

Demain matin, nous prendrons
le train pour aller déjeuner dans la
forêt de Saint - Germain.

ain . aim . ein . eim

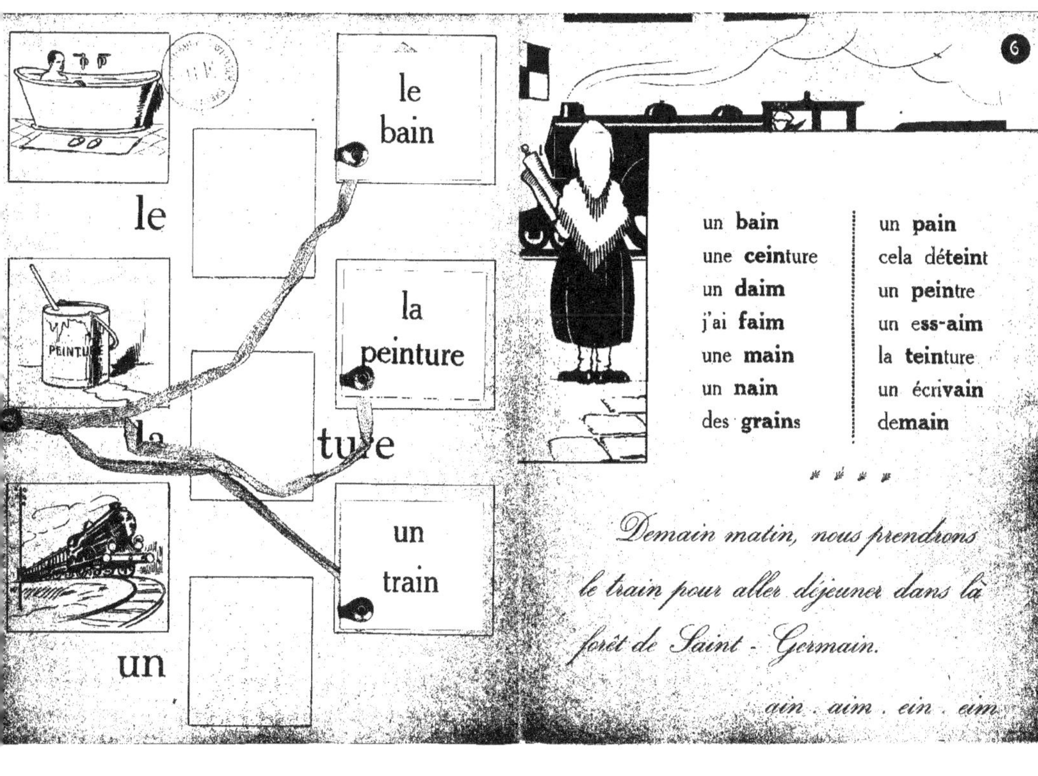

un **bain**	un **pain**
une **cein**ture	cela dé**teint**
un **daim**	un **peintre**
j'ai **faim**	un e**ss-aim**
une **main**	la **teint**ure
un **nain**	un écri**vain**
des **grain**s	de**main**

Demain matin, nous prendrons
le train pour aller déjeuner dans la
forêt de Saint - Germain.

ain . aim . ein . eim

une [ ]tre

un mou[ ]

un clai[ ]

Léon a reçu de son oncle Gaston,
une boîte de bonbons fondants.

on . om . on . om

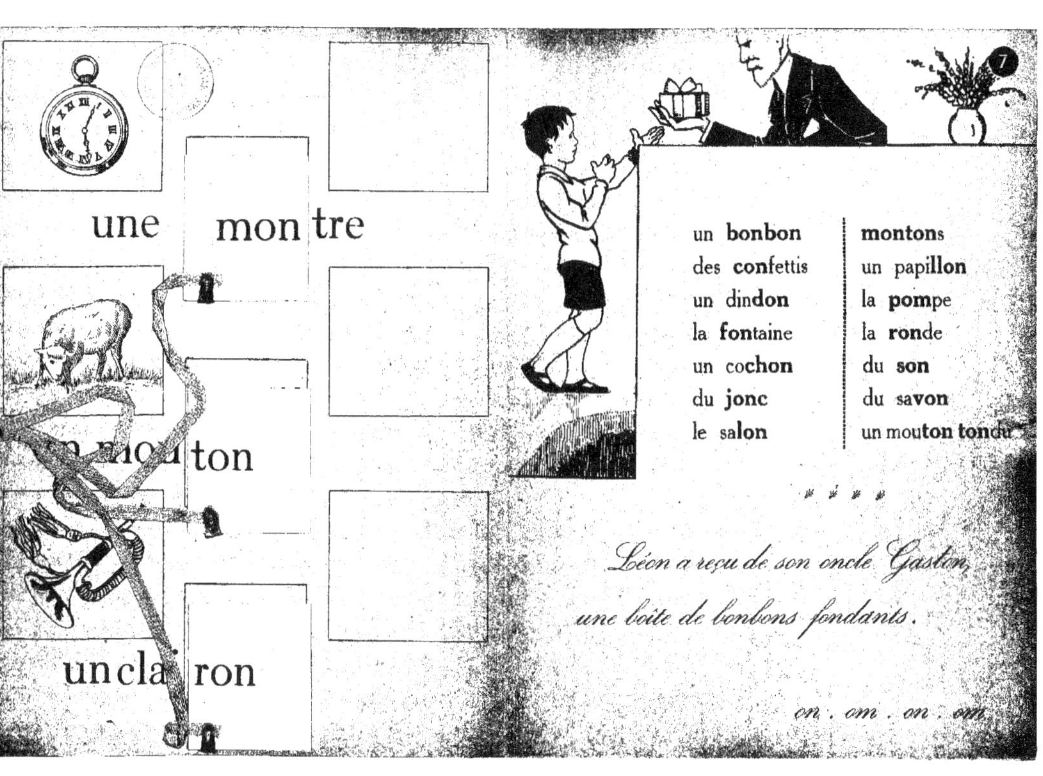

un **bonbon**
des **confettis**
un din**don**
la **fon**taine
un co**chon**
du **jonc**
le sa**lon**

montons
un papi**llon**
la **pom**pe
la **ron**de
du **son**
du sa**von**
un mou**ton ton**du

Léon a reçu de son oncle Gaston,
une boîte de bonbons fondants.

on . om . on . om

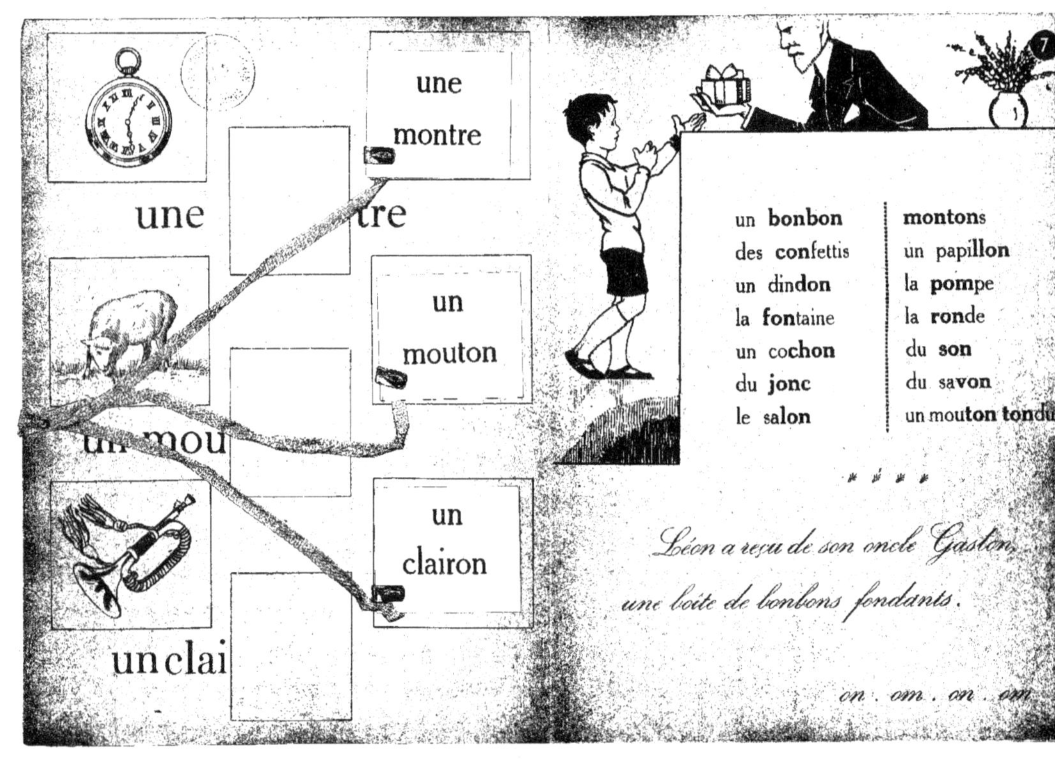

un **bonbon**
des **confettis**
un din**don**
la **fon**taine
un co**chon**
du **jonc**
le sa**lon**

montons
un papi**llon**
la **pom**pe
la **ron**de
du **son**
du sa**von**
un mou**ton** ton**du**

Léon a reçu de son oncle Gaston,
une boîte de bonbons fondants.

on . om . on . om

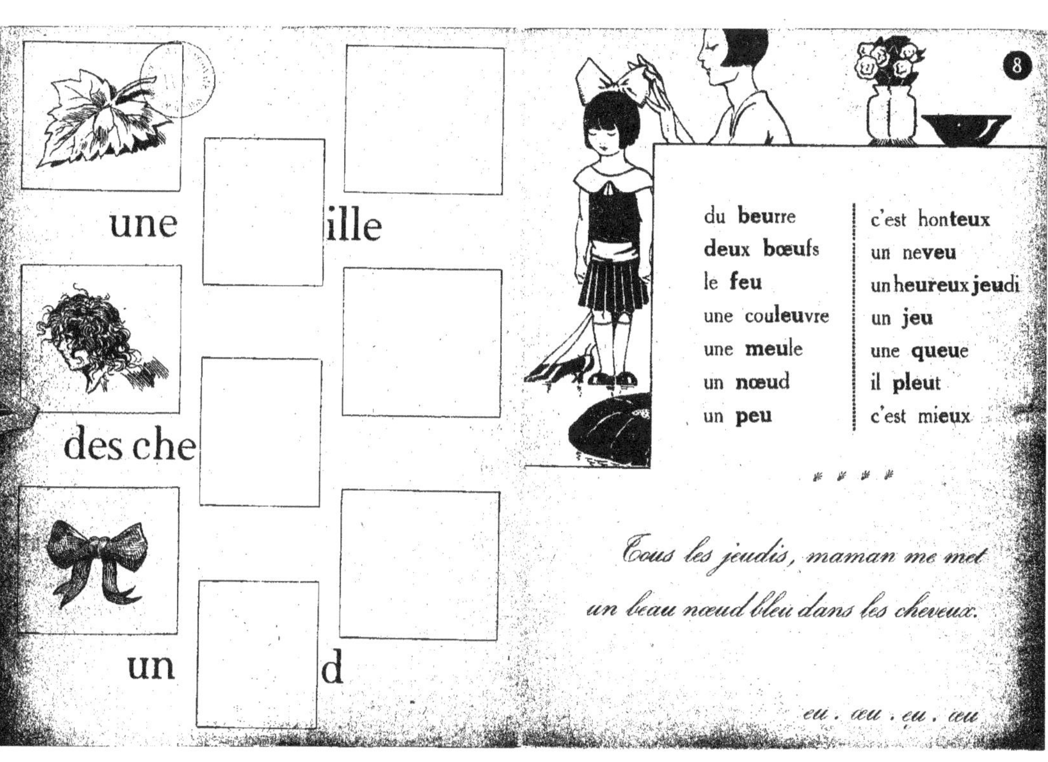

une ▢ ille

des che ▢ ▢

un ▢ d

Tous les jeudis, maman me met un beau nœud bleu dans les cheveux.

eu . œu . eu . œu

une feu|ille

|es che|veux

un nœu|d

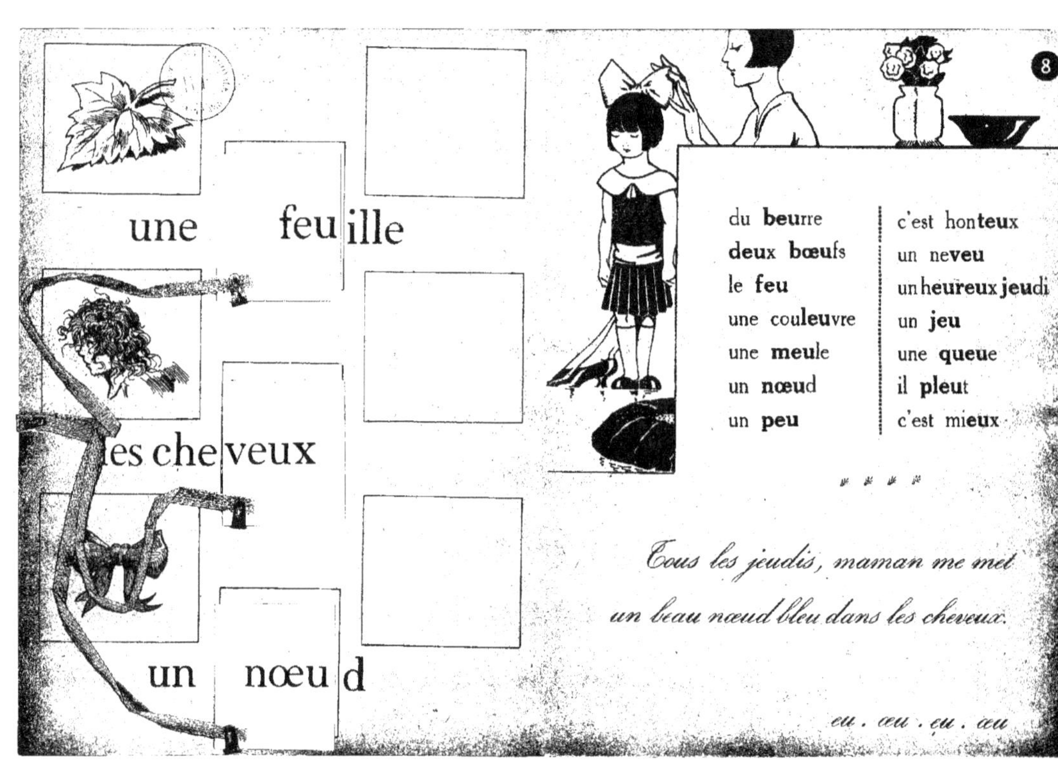

du **beur**re
deux bœufs
le **feu**
une couleu**v**re
une **meu**le
un **nœud**
un **peu**

c'est hon**teux**
un ne**veu**
un he**ureux jeu**di
un **jeu**
une **queue**
il **pleu**t
c'est mi**eux**

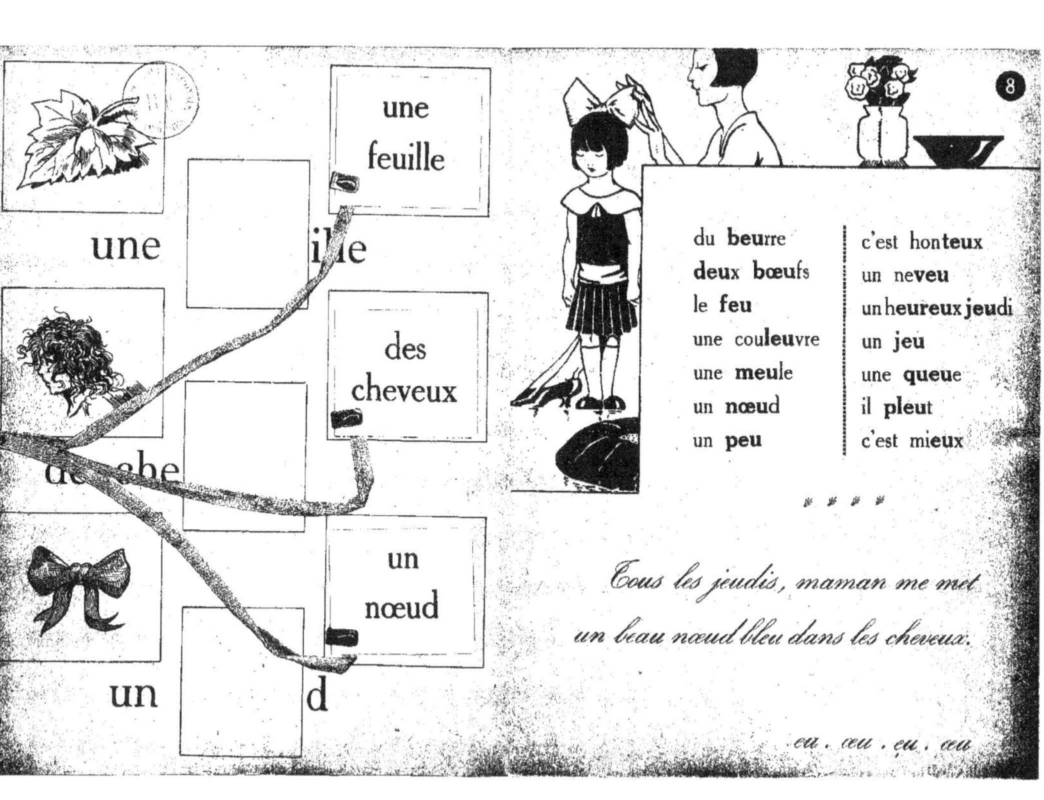

*Tous les jeudis, maman me met
un beau nœud bleu dans les cheveux.*

eu . œu . eu . œu

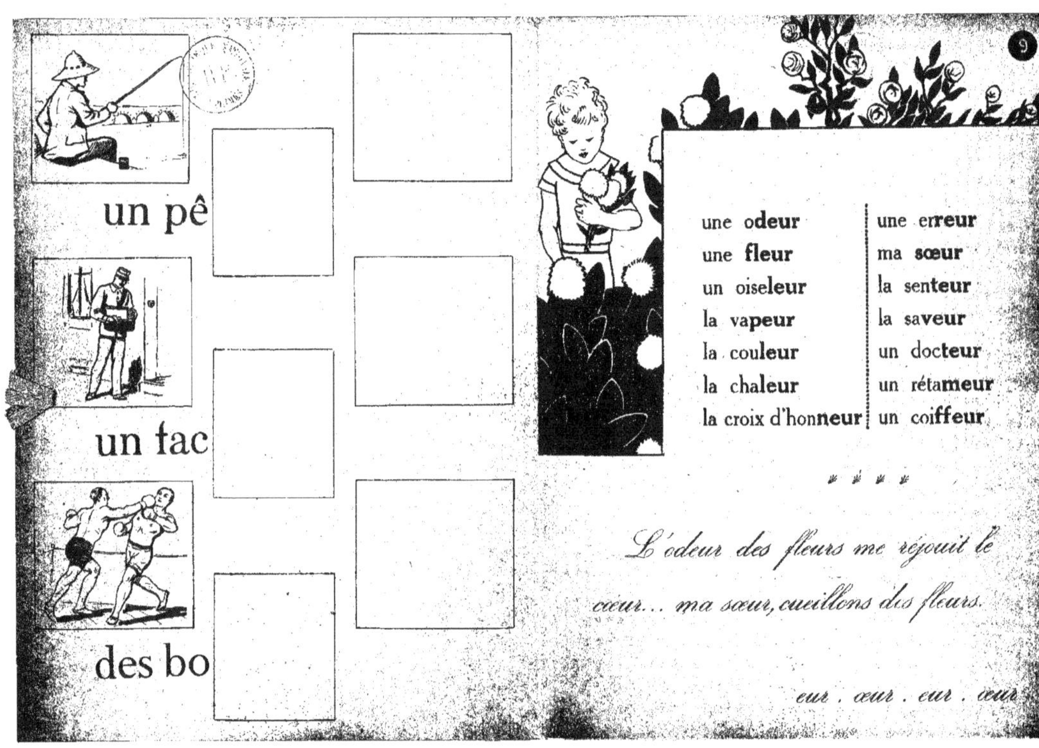

un pê

un fac

des bo

une o**deur**	une er**reur**
une **fleur**	ma **sœur**
un oise**leur**	la sen**teur**
la va**peur**	la sa**veur**
la cou**leur**	un doc**teur**
la cha**leur**	un réta**meur**
la croix d'hon**neur**	un coif**feur**

L'odeur des fleurs me réjouit le cœur... ma sœur, cueillons des fleurs.

eur . œur . eur . œur

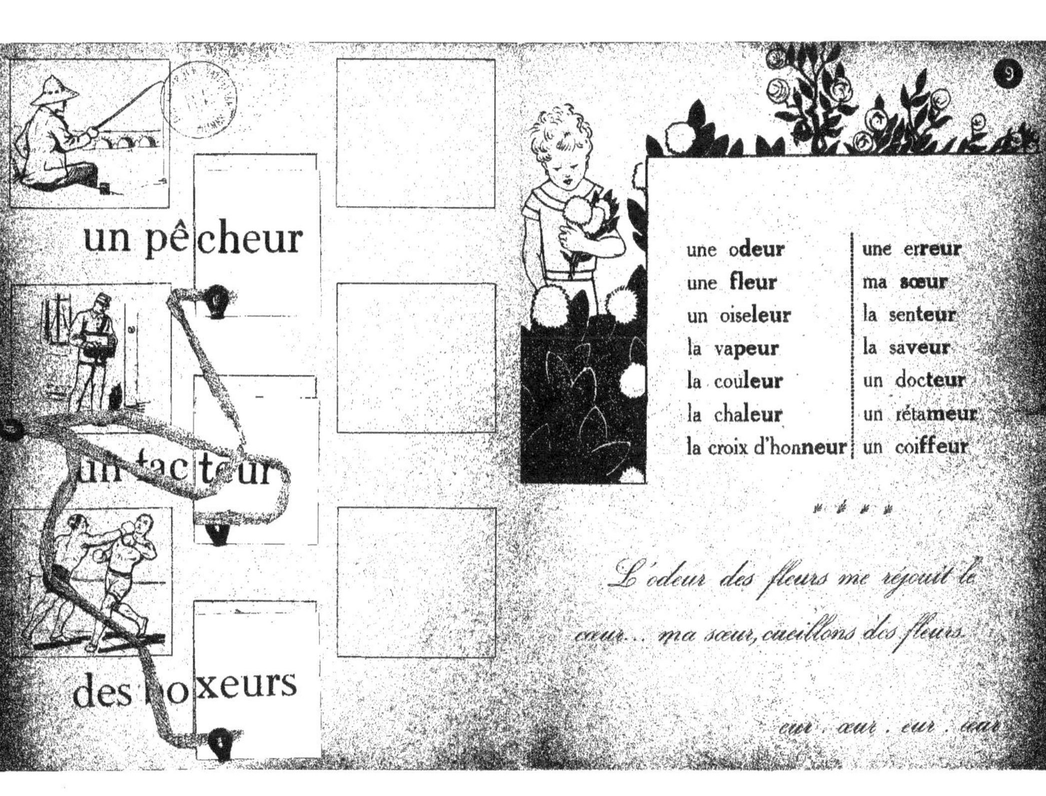

une odeur   une erreur
une fleur   ma sœur
un oiseleur   la senteur
la vapeur   la saveur
la couleur   un docteur
la chaleur   un rétameur
la croix d'honneur un coiffeur

L'odeur des fleurs me réjouit le cœur... ma sœur, cueillons des fleurs.

eur . œur . eur . œur

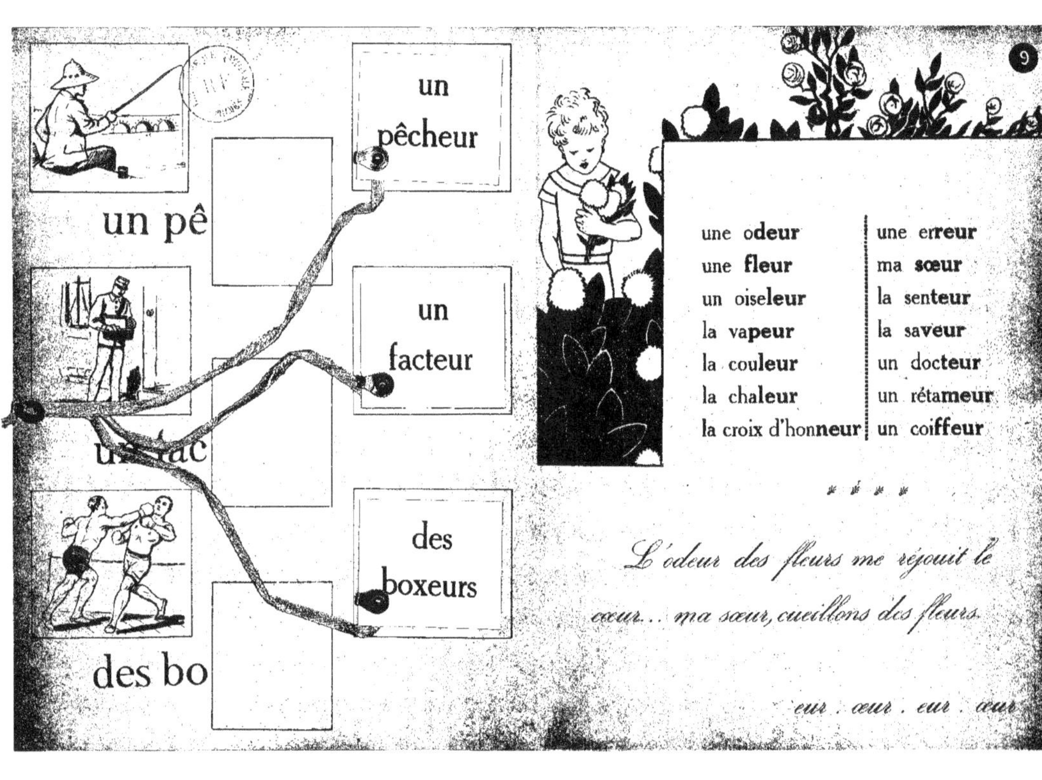

un pêcheur

un facteur

des boxeurs

un pê

un fac

des bo

une o**deur**	une er**reur**
une **fleur**	ma **sœur**
un oise**leur**	la sen**teur**
la va**peur**	la sa**veur**
la cou**leur**	un doc**teur**
la cha**leur**	un réta**meur**
la croix d'hon**neur**	un coi**ffeur**

L'odeur des fleurs me réjouit le cœur... ma sœur, cueillons des fleurs.

eur . œur . eur . œur

un ba

un   teuil

un cha

un mor**ceau**	un cer**ceau**
c'est **beau**	des gâ**teaux**
une **faute**	du **sau**cisson
la **peau**	un ro**seau**
le **nau**frage	de la **sauce**
j'ai **chaud**	une **gaufre**
un **seau d'eau**	un dra**peau**

* * * *

Dors dans ton chaud berceau,
ma jolie poupée. Sur le fauteuil, je
pose ton beau chapeau.

au . eau . au . eau

un ba**teau**

un **fau**teuil

un cha**peau**

un mor**ceau**	un cer**ceau**
c'est **beau**	des gâ**teaux**
une **fau**te	du **sau**cisson
la **peau**	un ro**seau**
le **nau**frage	de la **sauce**
j'ai **chaud**	une **gaufre**
un **seau d'eau**	un dra**peau**

*Dors dans ton chaud berceau,
ma jolie poupée. Sur le fauteuil, je
pose ton beau chapeau.*

au . eau . au . eau

un bateau

un
bateau

un ba

un
fauteuil

un teuil

un
chapeau

un cha

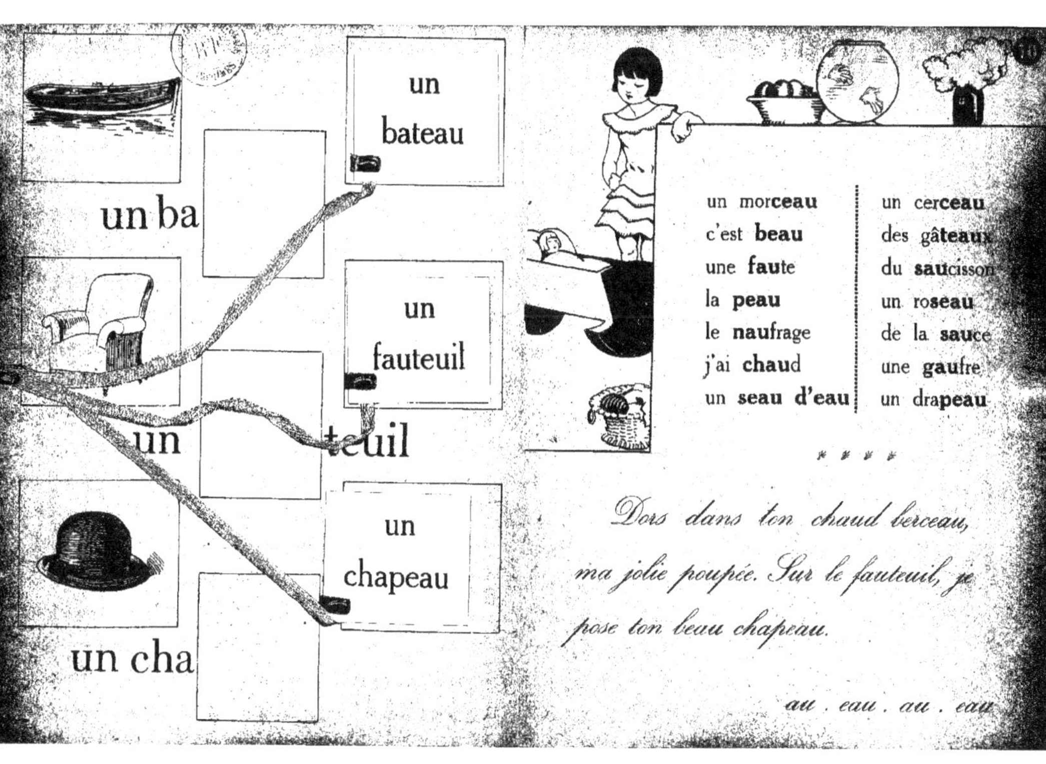

* * * *

Dors dans ton chaud berceau,
ma jolie poupée. Sur le fauteuil, je
pose ton beau chapeau.

au . eau . au . eau

un ba

une   gnoire

une   se

des ailes   une douzaine
une **baie**   faire la **paix**
une **cai**sse   une corde **raide**
du **lai**t   la **vai**sselle
une chanson **gaie**   une fon**taine**
une **chaî**ne   des **grai**nes
c'est **lai**d   le **quai**

« ton - ton, ton - tai - ne, ton - ton !

Mois de mai, mois de mai,

Tu nous rends le cœur bien gai !

ai . ai . ai . ai

un ba lai

une bai gnoire

une chai se

des **ai**les   une dou**zai**ne
une **bai**e   **fai**re la **paix**
une **cai**sse   une corde **rai**de
du **lai**t   la **vai**sselle
une chanson **gai**e   une fon**tai**ne
une **chaî**ne   des **grai**nes
c'est **lai**d   le **quai**

des ailes une douzaine
une **baie** faire la **paix**
une **caisse** une corde **raide**
du **lai**t la **vaisse**lle
une chanson **gaie** une fon**taine**
une **chaîne** des **graines**
c'est **laid** le **quai**

« ton - ton, ton - tui - ne, ton - ton !

Mois de mai, mois de mai,

Tu nous rends le cœur bien gai ! »

ai . ai . ai . ai

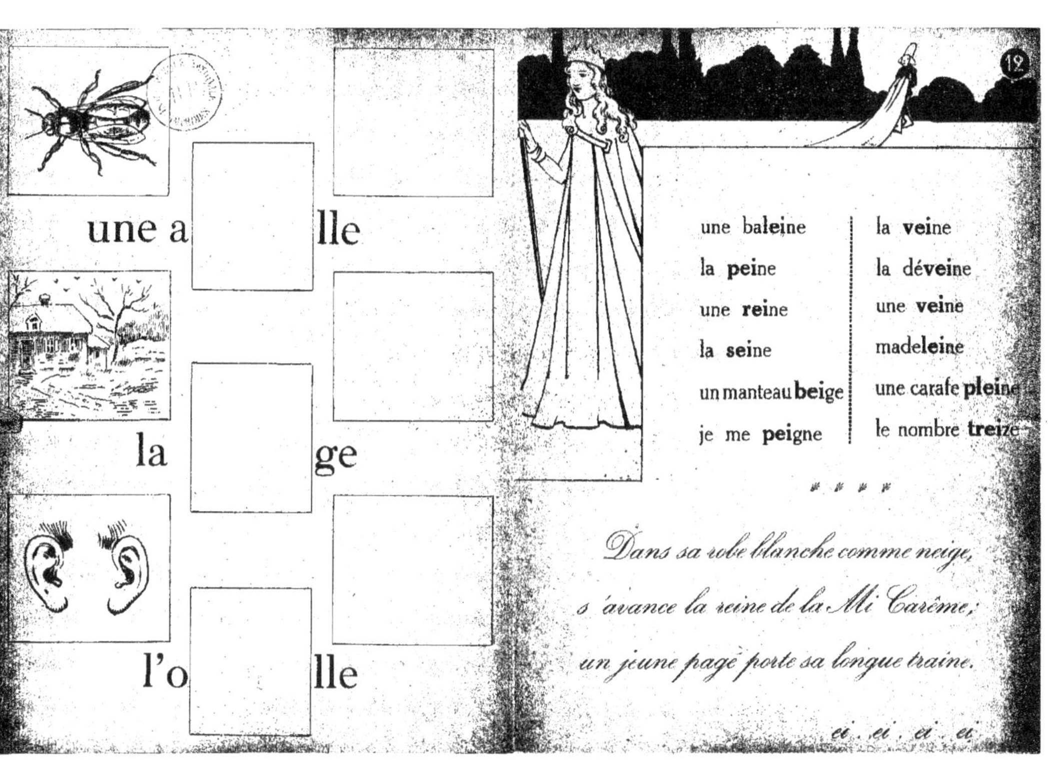

une a☐lle

la ☐ge

l'o☐lle

une baleine   la **veine**
la **peine**   la dé**veine**
une **reine**   une **veine**
la **seine**   made**leine**
un manteau **beige**   une carafe **pleine**
je me **peigne**   le nombre **treize**

* * * *

Dans sa robe blanche comme neige,
s'avance la reine de la Mi-Carême;
un jeune page porte sa longue traine.

ei, ei, ei, ei

une baleine
la **peine**
une **reine**
la seine
un manteau **beige**
je me **peigne**

la **veine**
la dé**veine**
une **veine**
madeleine
une carafe **pleine**
le nombre **treize**

\# \# \# \#

Dans sa robe blanche comme neige,
s'avance la reine de la Mi Carême;
un jeune page porte sa longue traine.

ei . ei . ei . ei

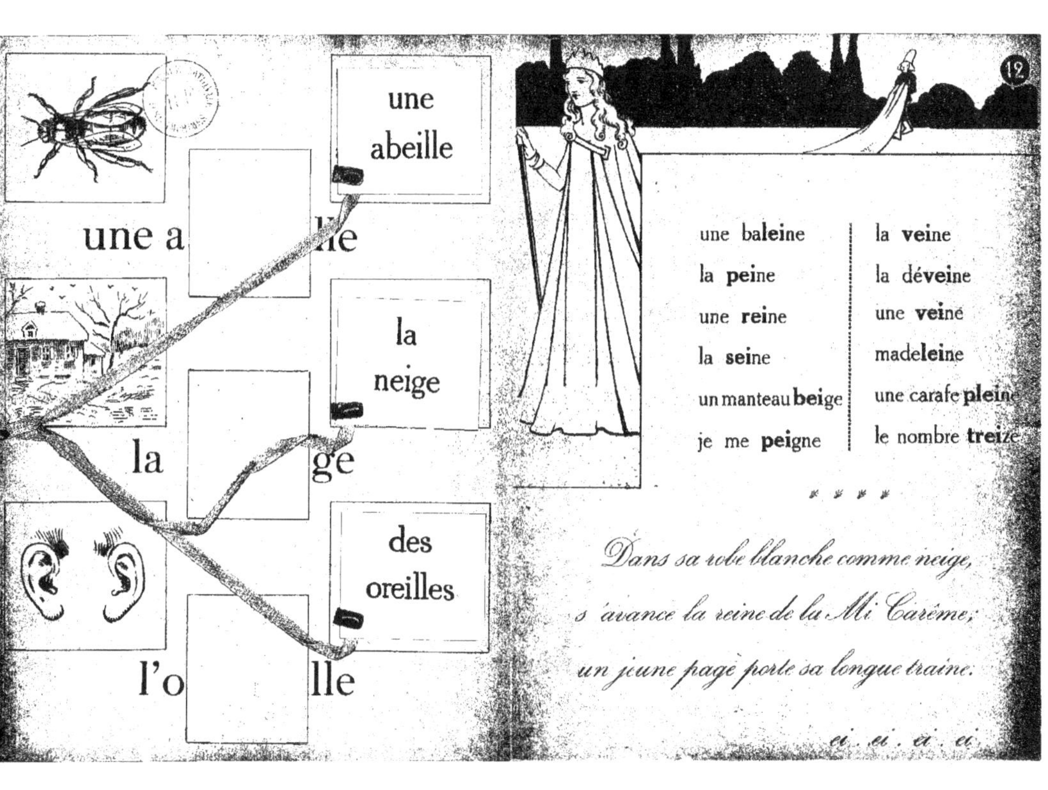

Dans sa robe blanche comme neige,

s'avance la reine de la Mi Carême;

un jeune page porte sa longue traîne.

ei . ei . ei . ei

un robi

un na

un bé

un **jet** d'eau   des jou**ets**
le vo**let**   une ga**lette**
le du**vet**   une allu**mette**
un ca**chet**   la four**chette**
des pou**lets**   une trom**pette**
un bou**quet**   une brou**ette**
un si**fflet**   Antoi**nette**

Paulette, mets à ton gilet un
bouquet de clochettes de muguet.

et . et . et . et

un **jet** d'eau | des jou**ets**
le vo**let** | une ga**lette**
le du**vet** | une allu**mette**
un ca**chet** | la four**chette**
des pou**lets** | une trom**pette**
un bou**quet** | une brou**ette**
un si**fflet** | Antoi**nette**

Paulette, mets à ton gilet un bouquet de clochettes de muguet.

et . et . et . et

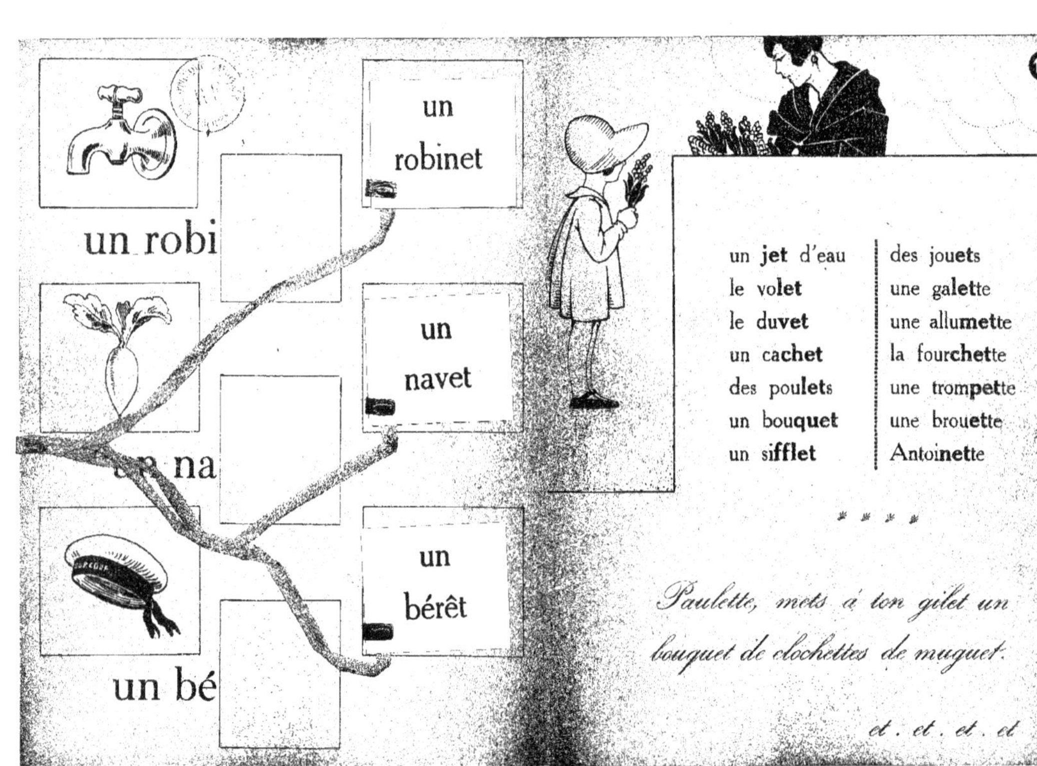

un **jet** d'eau   des joue**ts**
le vo**let**   une gale**tte**
le **duvet**   une allu**mette**
un ca**chet**   la four**chet**te
des poule**ts**   une trompe**tte**
un bou**quet**   une brou**ette**
un si**fflet**   Antoi**nette**

Paulette, mets à ton gilet un bouquet de clochettes de muguet.

et . et . et . et

un

un gar

un musi

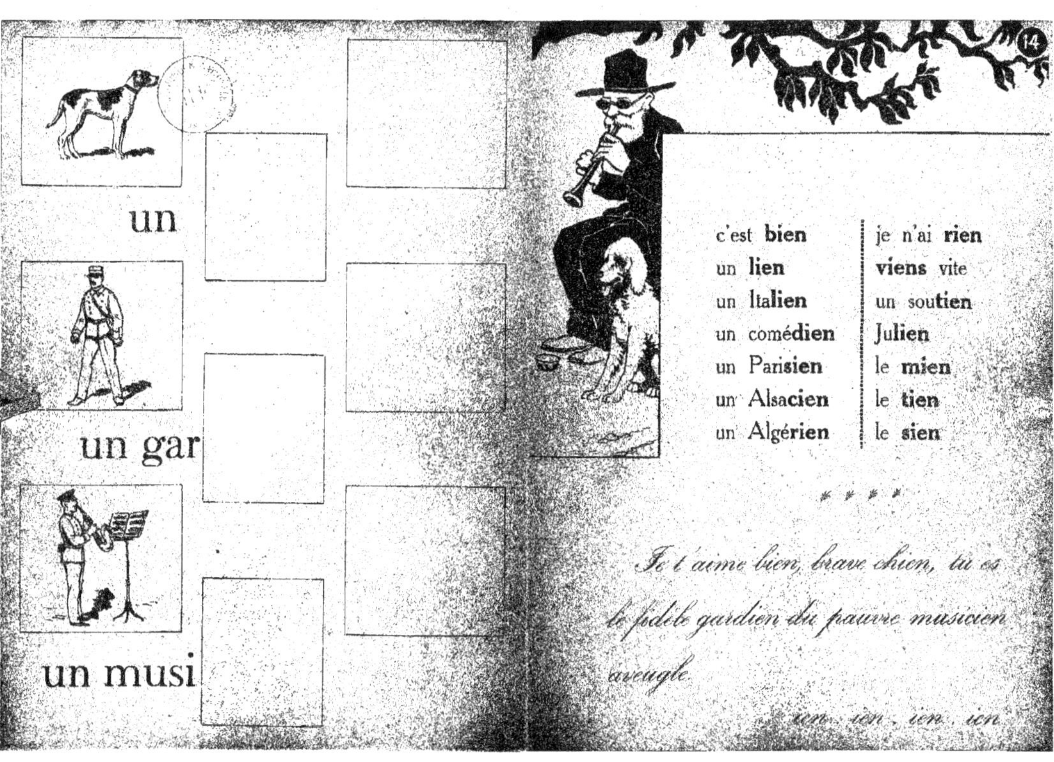

Je t'aime bien, brave chien, tu es

le fidèle gardien du pauvre musicien

aveugle

un - ien - ien - ien

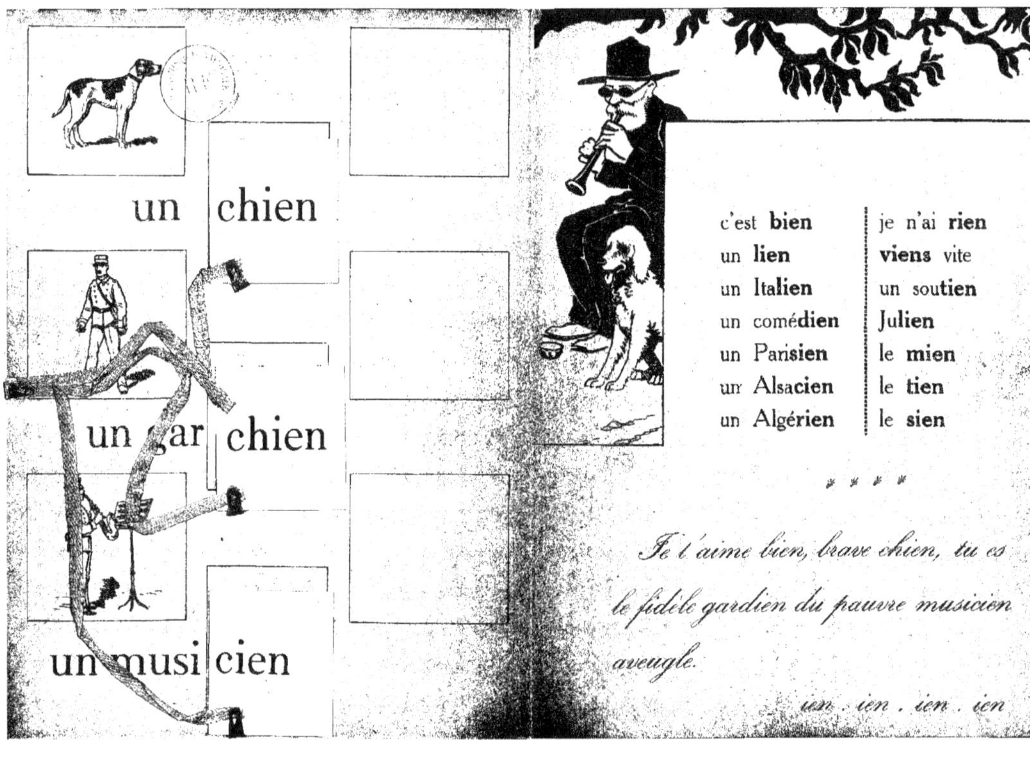

Je l'aime bien, brave chien, tu es le fidèle gardien du pauvre musicien aveugle.

ien . ien . ien . ien

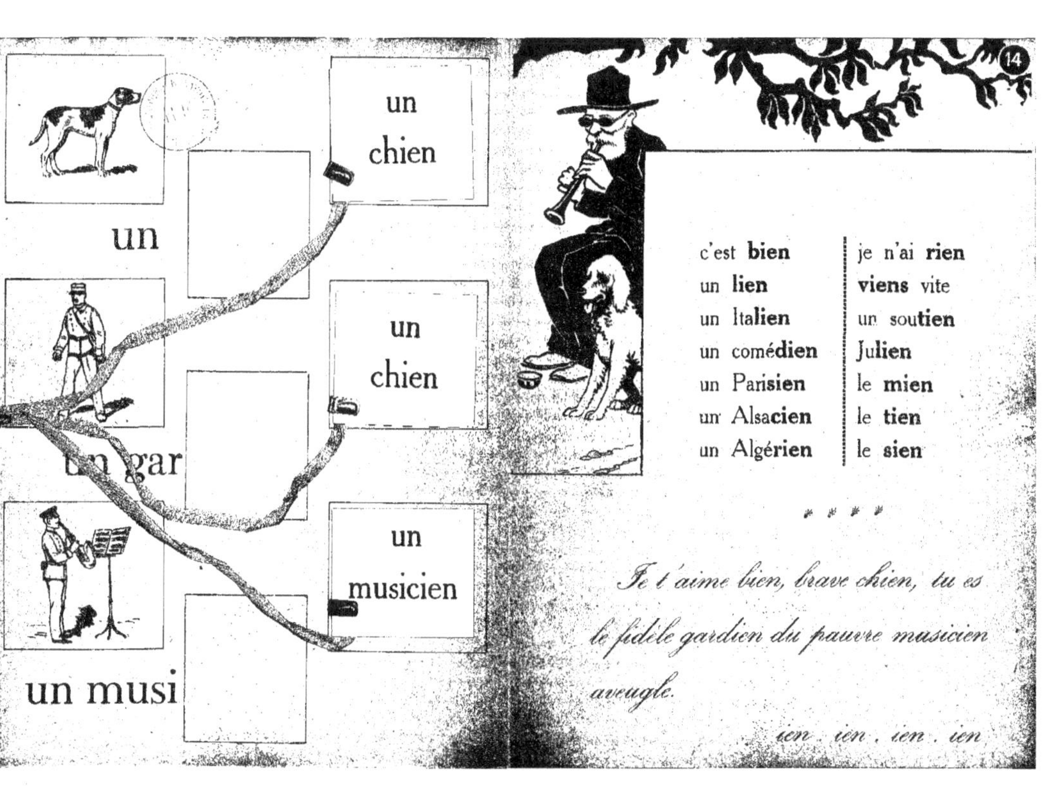

c'est **bien**	je n'ai **rien**
un **lien**	**viens** vite
un Ita**lien**	un sou**tien**
un comé**dien**	**Julien**
un Pari**sien**	le **mien**
un Alsa**cien**	le **tien**
un Algé**rien**	le **sien**

Je t'aime bien, brave chien, tu es le fidèle gardien du pauvre musicien aveugle.

ien . ien . ien . ien

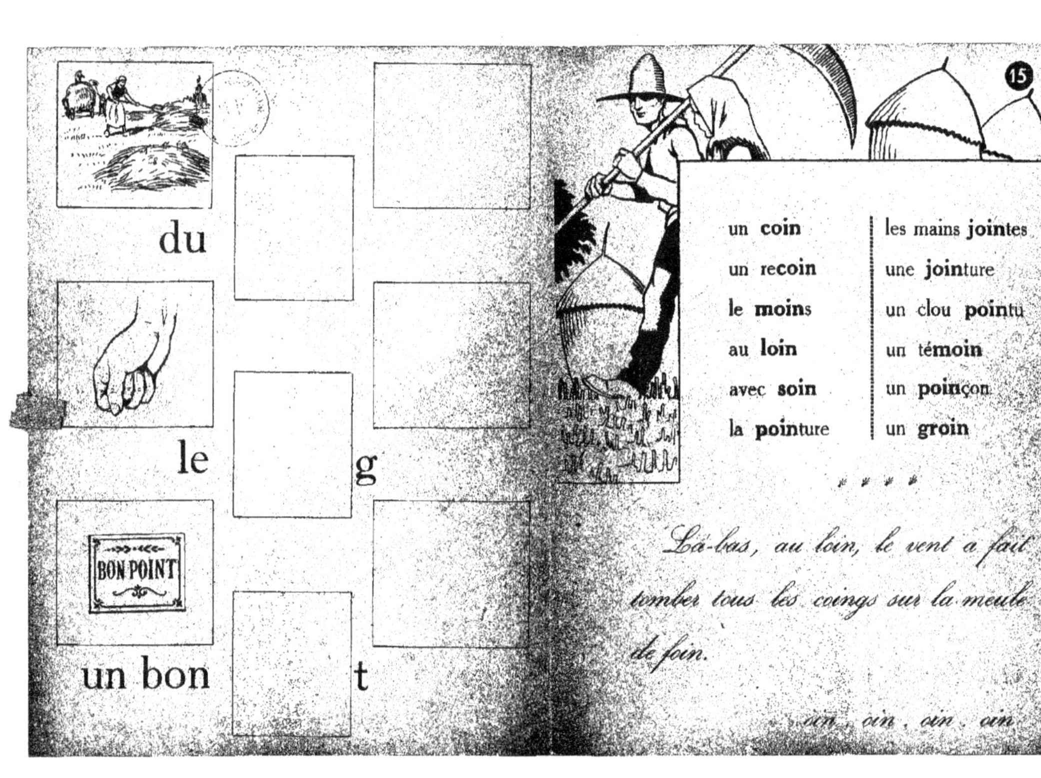

du

le   g

un bon   t

un **coin**	les mains **jointes**
un re**coin**	une **join**ture
le **moin**s	un clou **point**u
au **loin**	un témoin
avec **soin**	un **poin**çon
la **poin**ture	un **groin**

Là-bas, au loin, le vent a fait tomber tous les coings sur la meule de foin.

coin, coin, coin, coin

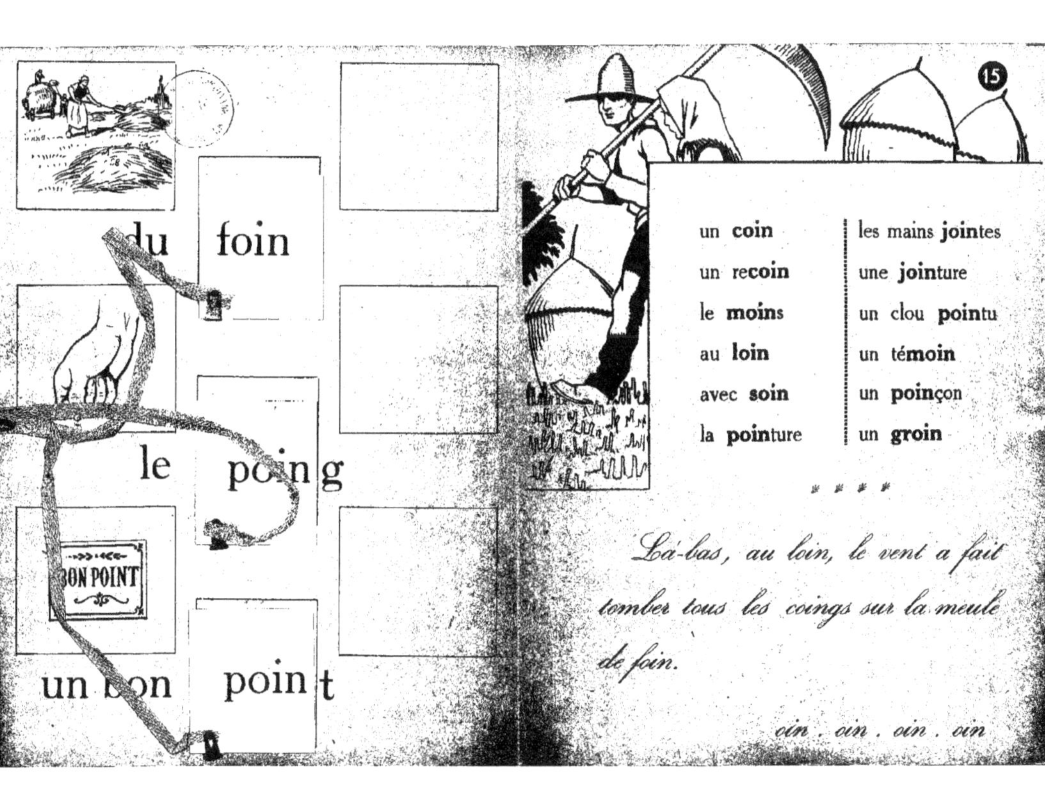

un **coin**	les mains **jointes**
un re**coin**	une **joint**ure
le **moins**	un clou **point**u
au **loin**	un té**moin**
avec **soin**	un **poin**çon
la **poin**ture	un **groin**

Là-bas, au loin, le vent a fait tomber tous les coings sur la meule de foin.

oin . oin . oin . oin

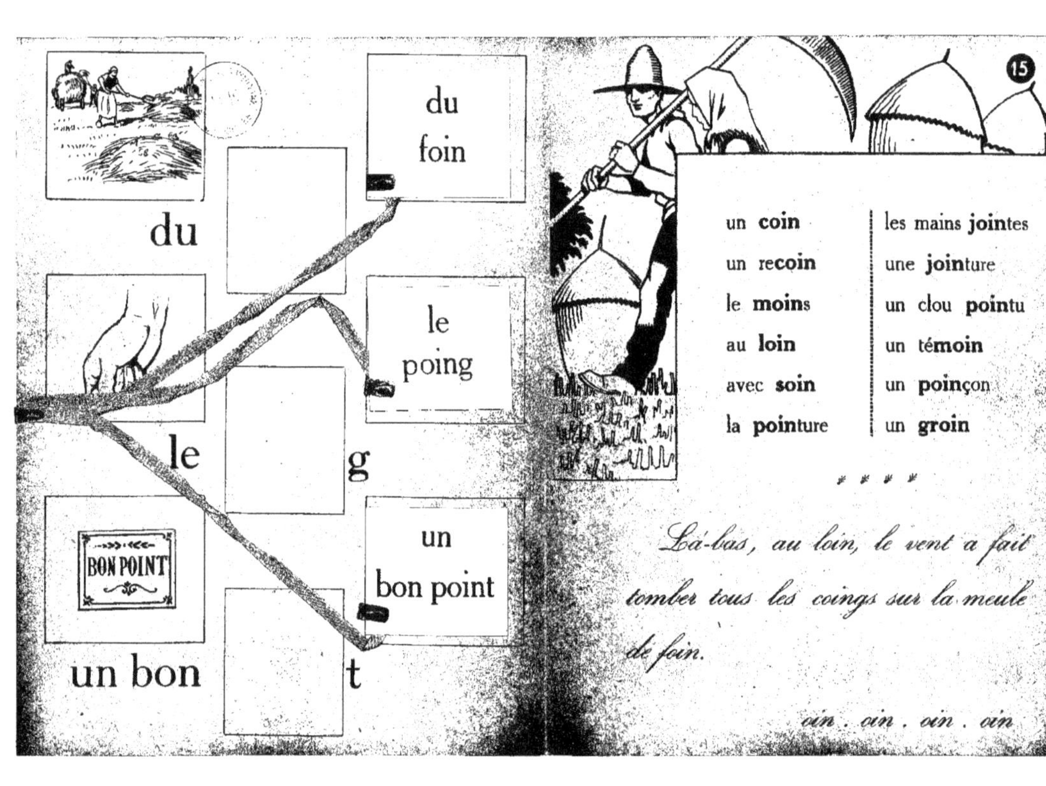

un **coin** les mains **join**tes
un re**coin** une **join**ture
le **moin**s un clou **point**u
au **loin** un té**moin**
avec **soin** un **poin**çon
la **poin**ture un **groin**

Là-bas, au loin, le vent a fait
tomber tous les coings sur la meule
de foin.

oin . oin . oin . oin

un éven

le ré

le so

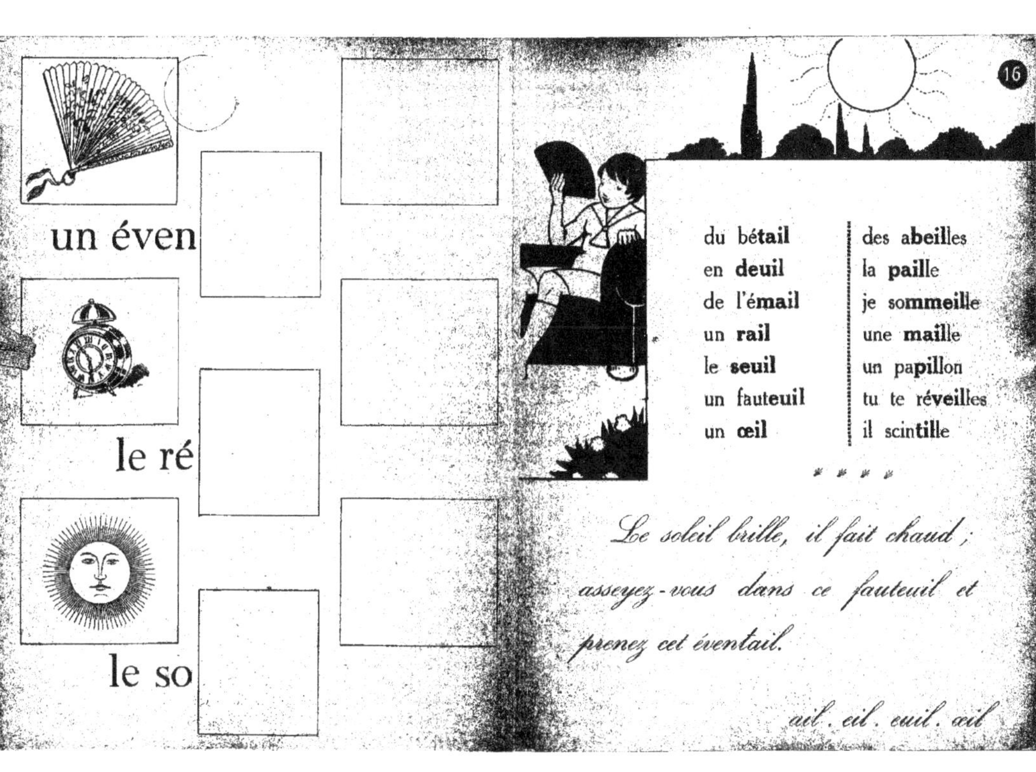

Le soleil brille, il fait chaud ;
asseyez-vous dans ce fauteuil et
prenez cet éventail.

ail . eil . euil . œil

un éven tail

le ré veil

le soleil

du bétail   des abeilles
en **deuil**   la **paille**
de l'**émail**   je so**mmeille**
un **rail**   une **maille**
le **seuil**   un papi**llon**
un fauteuil   tu te ré**veilles**
un **œil**   il scinti**lle**

Le soleil brille, il fait chaud ;

asseyez-vous dans ce fauteuil et

prenez cet éventail.

ail . eil . euil . œil

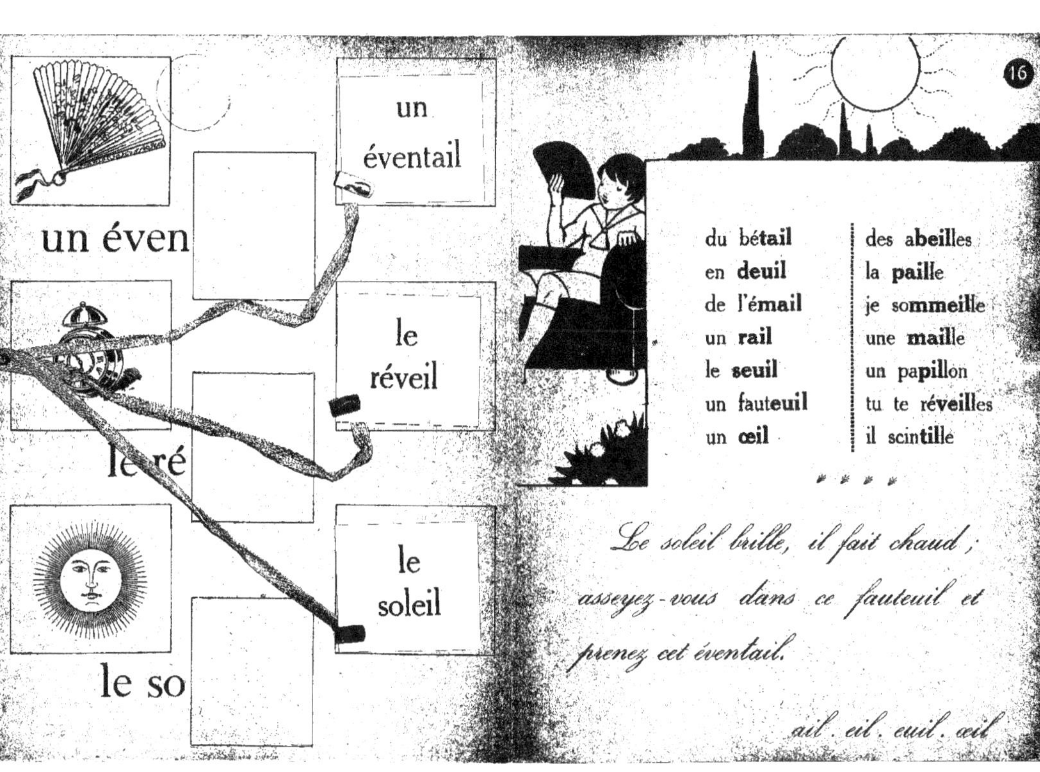

Le soleil brille, il fait chaud ;
asseyez-vous dans ce fauteuil et
prenez cet éventail.

ail. eil. euil. œil

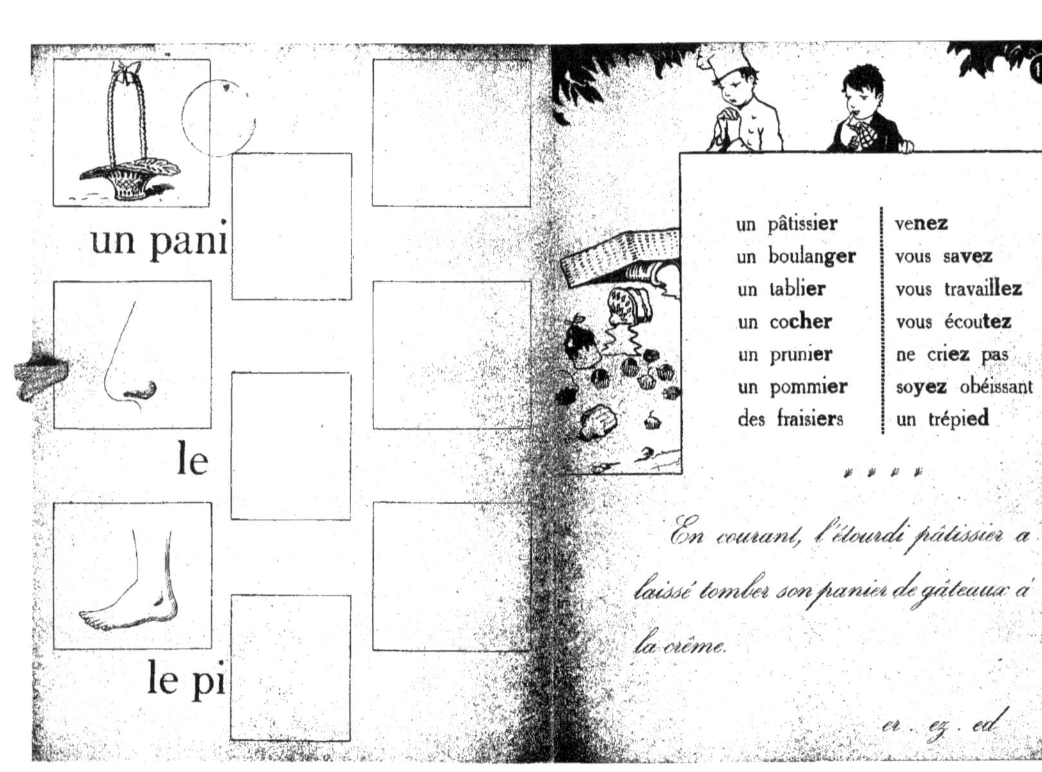

un pani

le

le pi

En courant, l'étourdi pâtissier a laissé tomber son panier de gâteaux à la crème.

er . ez . ed

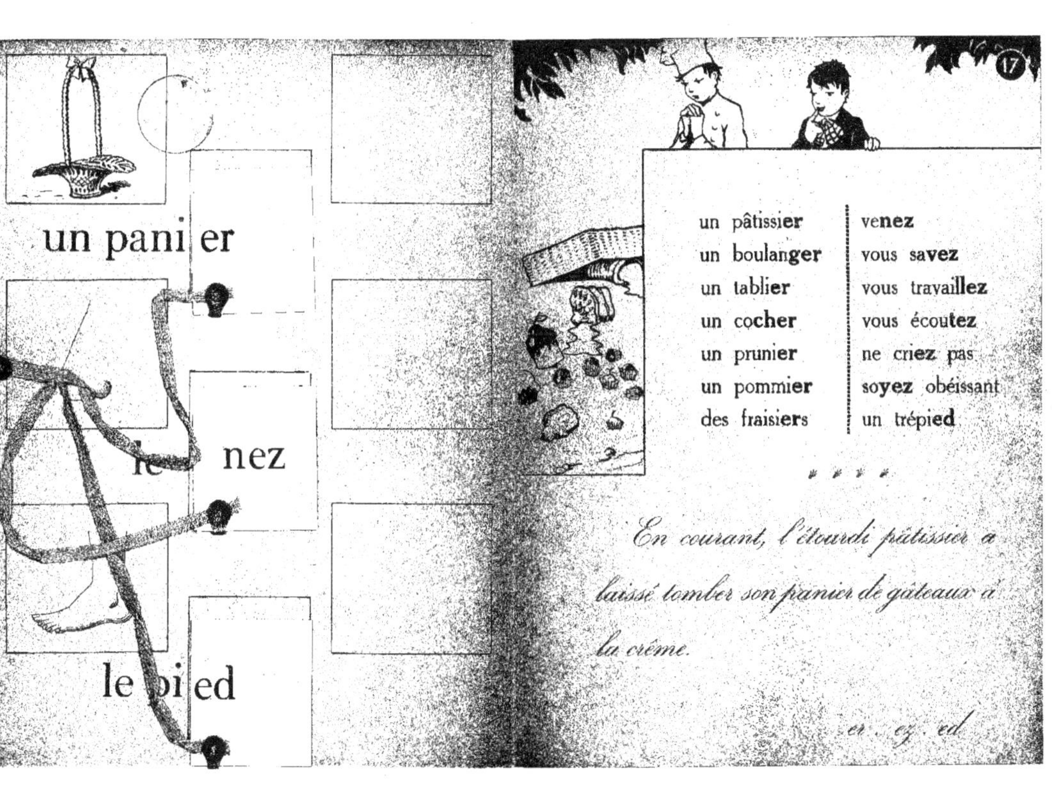

un panier

le nez

le pied

un pâtissier	venez
un boulanger	vous savez
un tablier	vous travaillez
un cocher	vous écoutez
un prunier	ne criez pas
un pommier	soyez obéissant
des fraisiers	un trépied

En courant, l'étourdi pâtissier a laissé tomber son panier de gâteaux à la crème.

er . . ez . ed

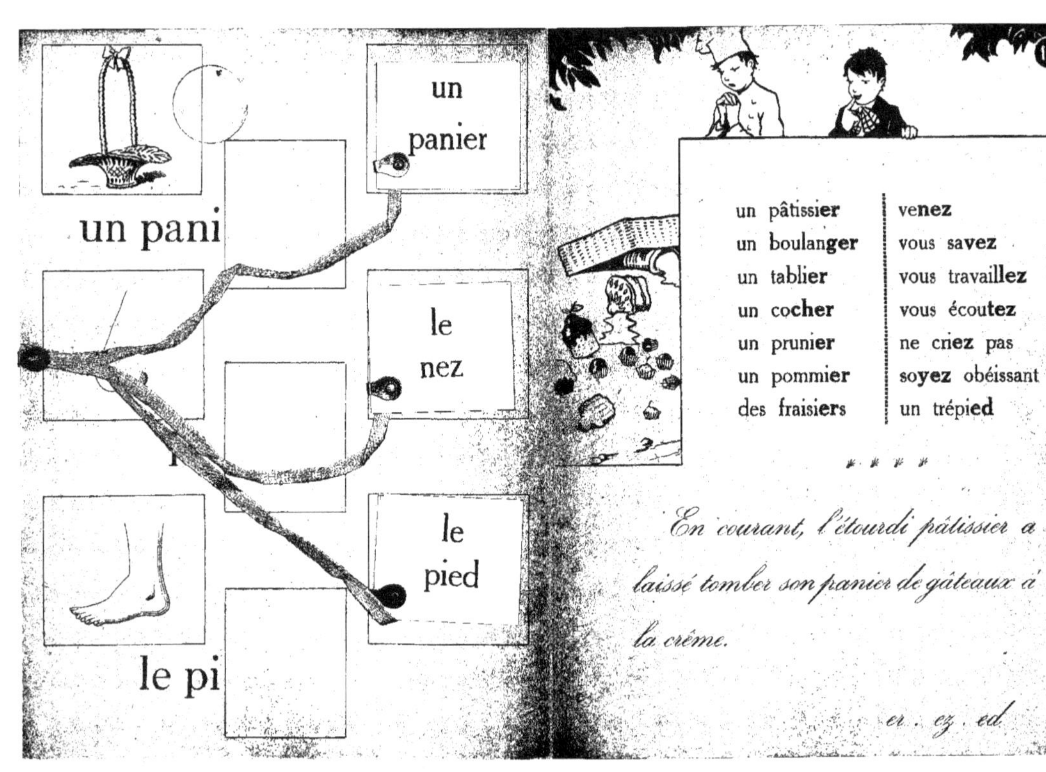

un pâtissier	venez
un boulan**ger**	vous sa**vez**
un tablier	vous travail**lez**
un co**cher**	vous écou**tez**
un prunier	ne cri**ez** pas
un pommier	**soyez** obéissant
des fraisi**ers**	un trépi**ed**

* * * *

En courant, l'étourdi pâtissier a laissé tomber son panier de gâteaux à la crème.

er . ez . ed

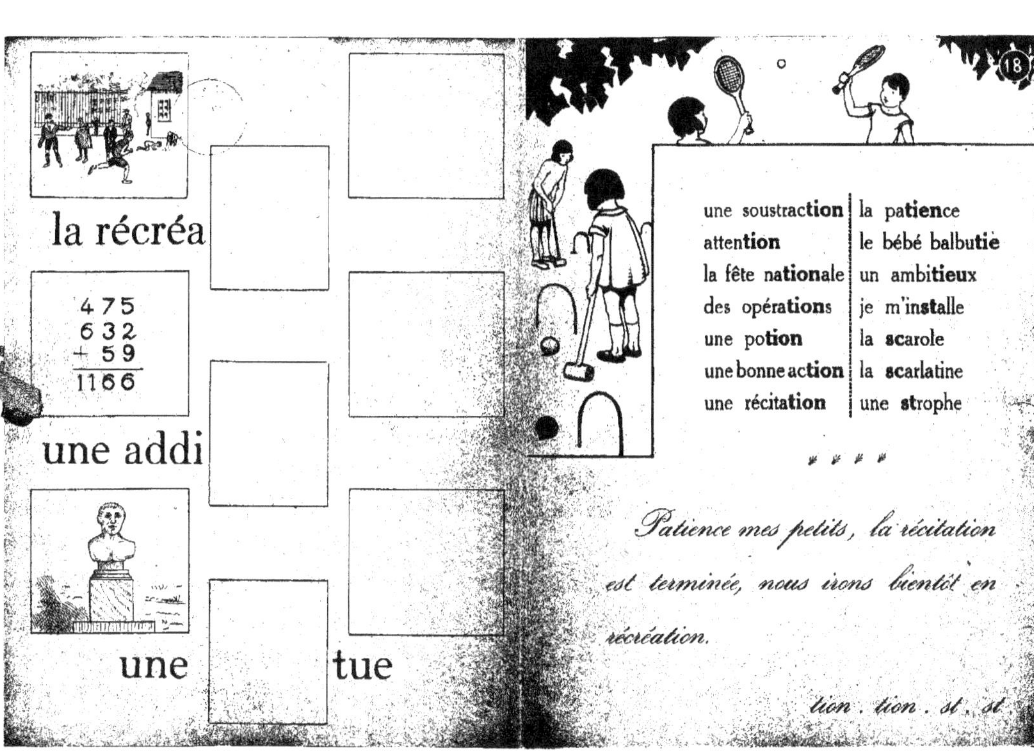

la récréa

```
  475
  632
+  59
 1166
```

une addi

une   tue

une soustraction | la patience
attention | le bébé balbutie
la fête nationale | un ambitieux
des opérations | je m'installe
une potion | la scarole
une bonne action | la scarlatine
une récitation | une strophe

Patience mes petits, la récitation est terminée, nous irons bientôt en récréation.

tion . tion . st . st

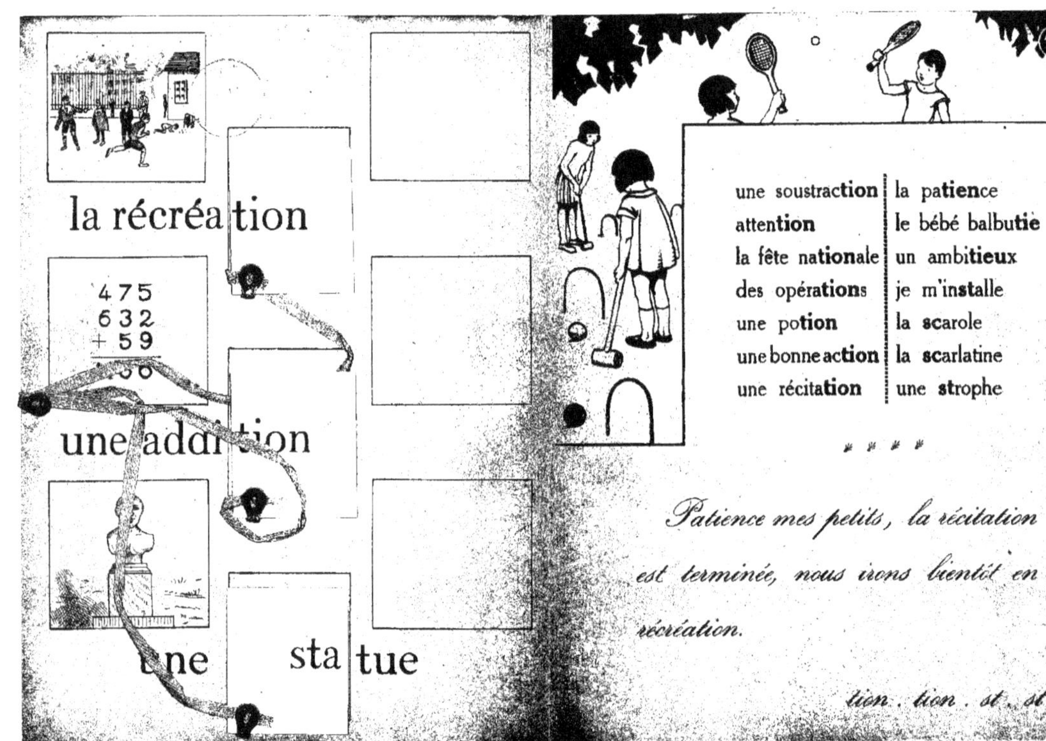

la récréation

475
632
+ 59

une addition

une statue

une soustraction | la patience
attention | le bébé balbutie
la fête nationale | un ambitieux
des opérations | je m'installe
une potion | la scarole
une bonne action | la scarlatine
une récitation | une strophe

Patience mes petits, la récitation est terminée, nous irons bientôt en récréation.

tion . tion . st . st

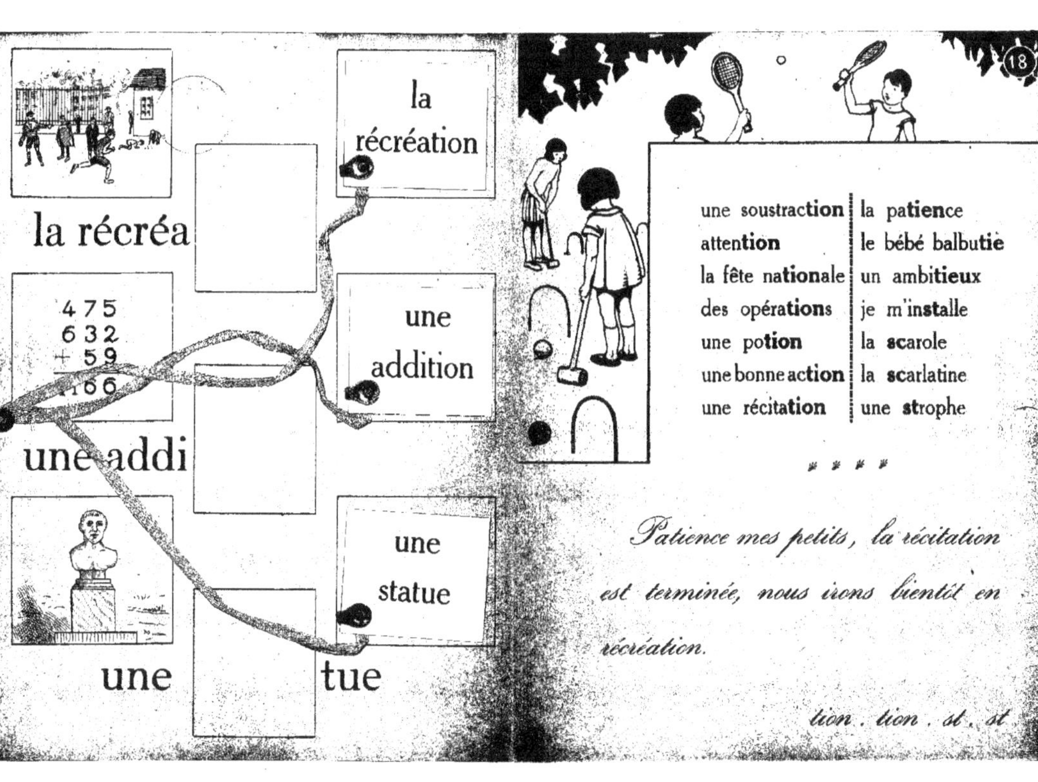

la récréa

la
récréation

475
632
+ 59
1166

une addi

une
addition

une
statue

une   tue

une soustraction | la patience
attention | le bébé balbutie
la fête nationale | un ambitieux
des opérations | je m'installe
une potion | la scarole
une bonne action | la scarlatine
une récitation | une strophe

Patience mes petits, la récitation
est terminée, nous irons bientôt en
récréation.

tion . tion . st . st

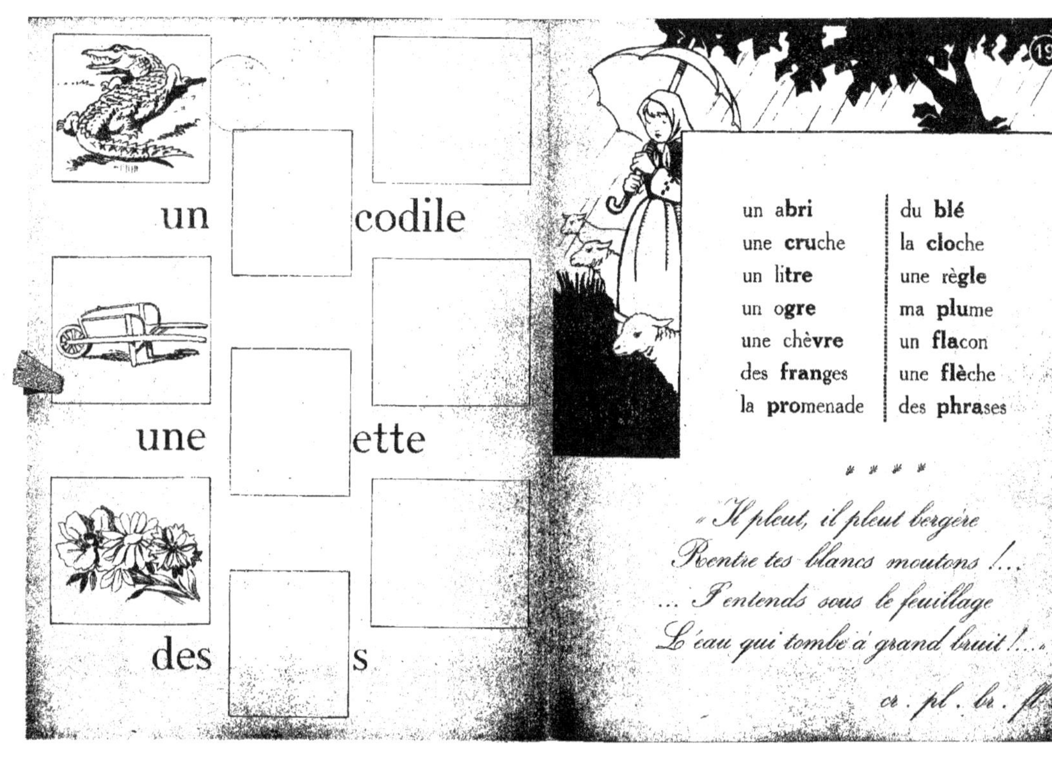

un   codile

une   ette

des   s

un **abri**   du **blé**
une **cru**che   la **clo**che
un **litre**   une **règle**
un o**gre**   ma **plu**me
une chè**vre**   un **fla**con
des **franges**   une **flè**che
la **pro**menade   des **phra**ses

« Il pleut, il pleut bergère
Rentre tes blancs moutons !...
... J'entends sous le feuillage
L'eau qui tombe à grand bruit !...»

cr . pl . br . fl

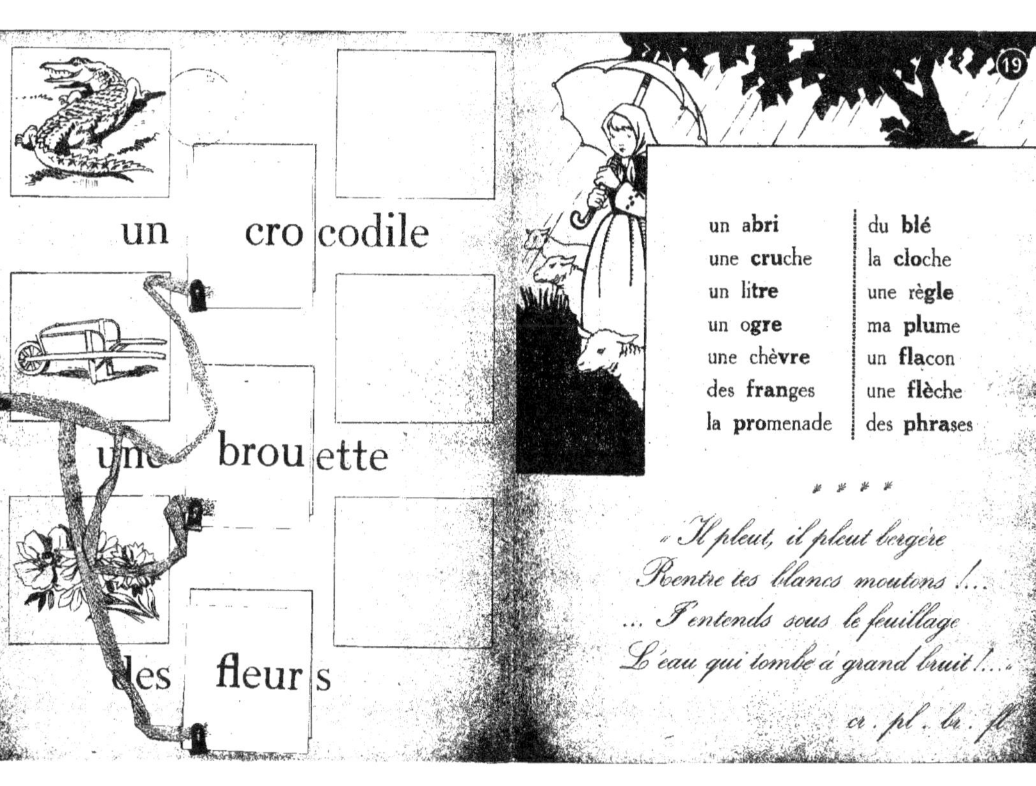

un crocodile

une brouette

des fleurs

* * * *

« Il pleut, il pleut bergère
Rentre tes blancs moutons !...
... J'entends sous le feuillage
L'eau qui tombe à grand bruit !...

cr . pl . br . fl

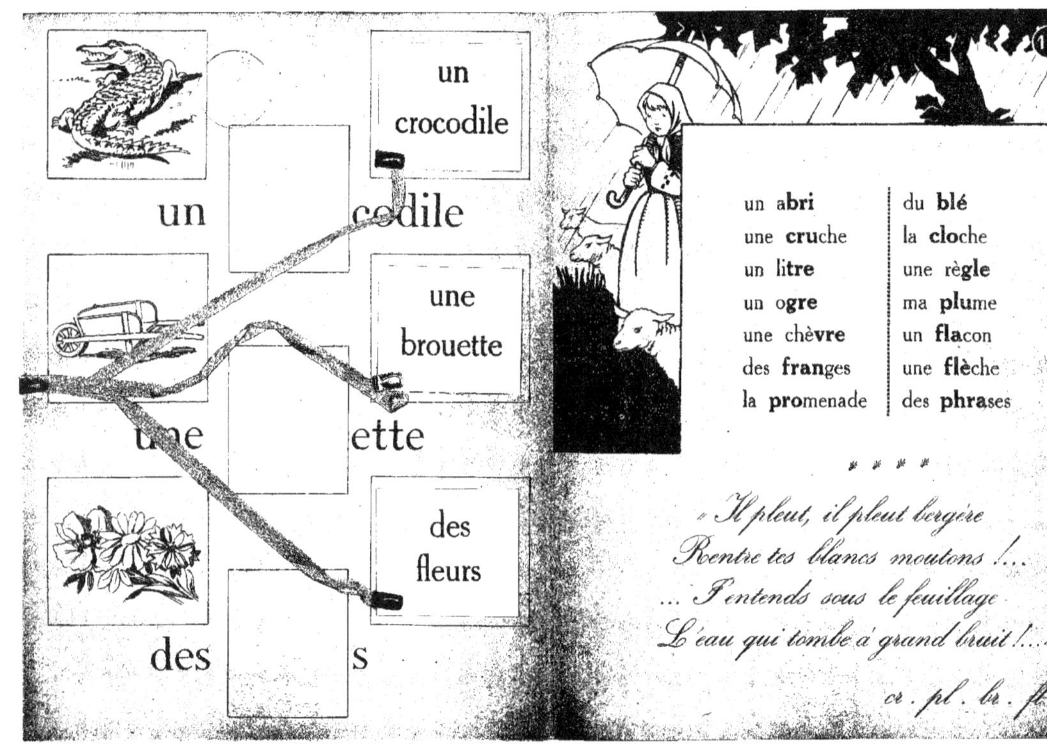

un
crocodile

un ...codile

une
brouette

une ...ette

des
fleurs

des ...s

un abri
une cruche
un litre
un ogre
une chèvre
des franges
la promenade

du blé
la cloche
une règle
ma plume
un flacon
une flèche
des phrases

* * * *

« Il pleut, il pleut bergère
Rentre tes blancs moutons !...
... J'entends sous le feuillage
L'eau qui tombe à grand bruit !...

cr . pl . br . fl

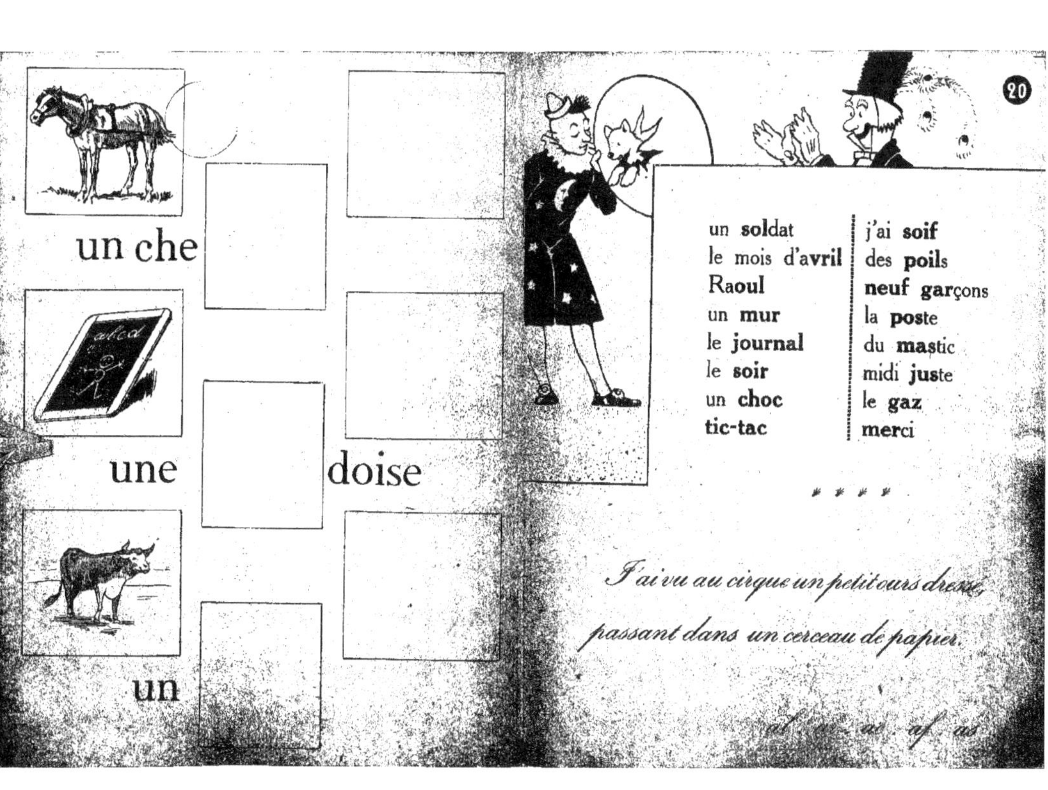

un che

une doise

un

un **sol**dat   j'ai **soif**
le mois d'a**vril**   des **poils**
Raoul   **neuf gar**çons
un **mur**   la **pos**te
le **journal**   du **mas**tic
le **soir**   midi **jus**te
un **choc**   le **gaz**
tic-tac   **mer**ci

J'ai vu au cirque un petit ours dressé,

passant dans un cerceau de papier.

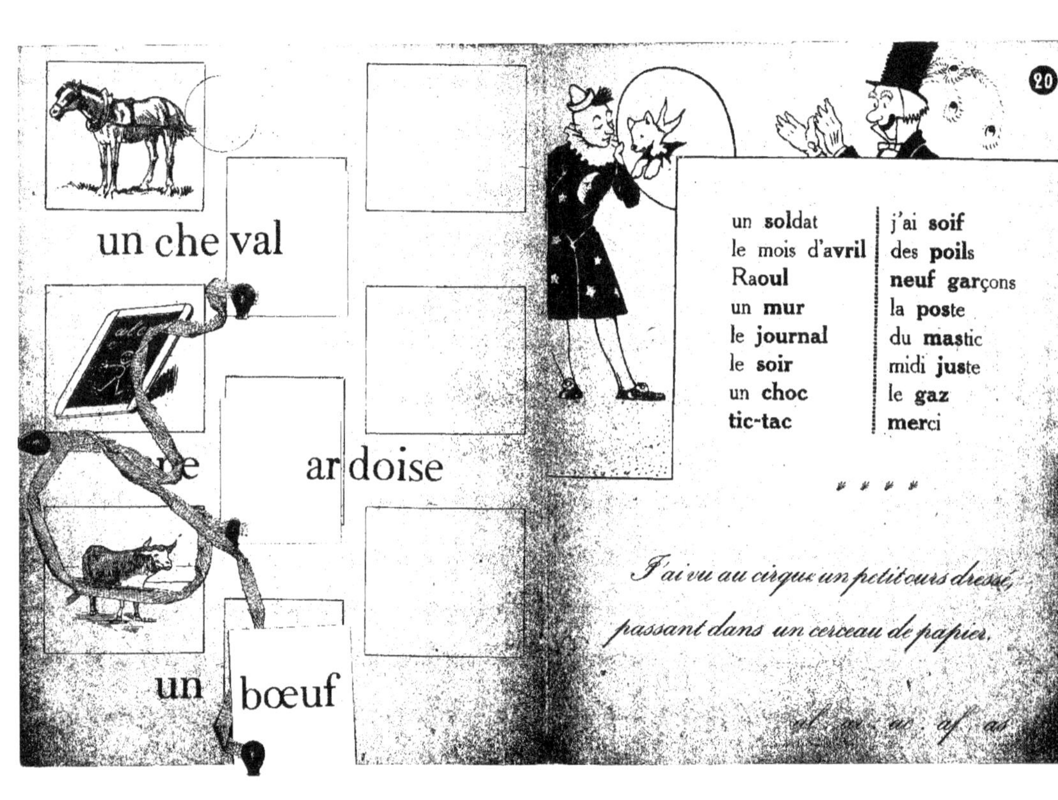

un **soldat**	j'ai **soif**
le mois d'**avril**	des **poils**
Raoul	**neuf** garçons
un **mur**	la **poste**
le **journal**	du **mastic**
le **soir**	midi **juste**
un **choc**	le **gaz**
tic-tac	**merci**

J'ai vu au cirque un petit ours dressé,

passant dans un cerceau de papier.

al - ai - as - af - as

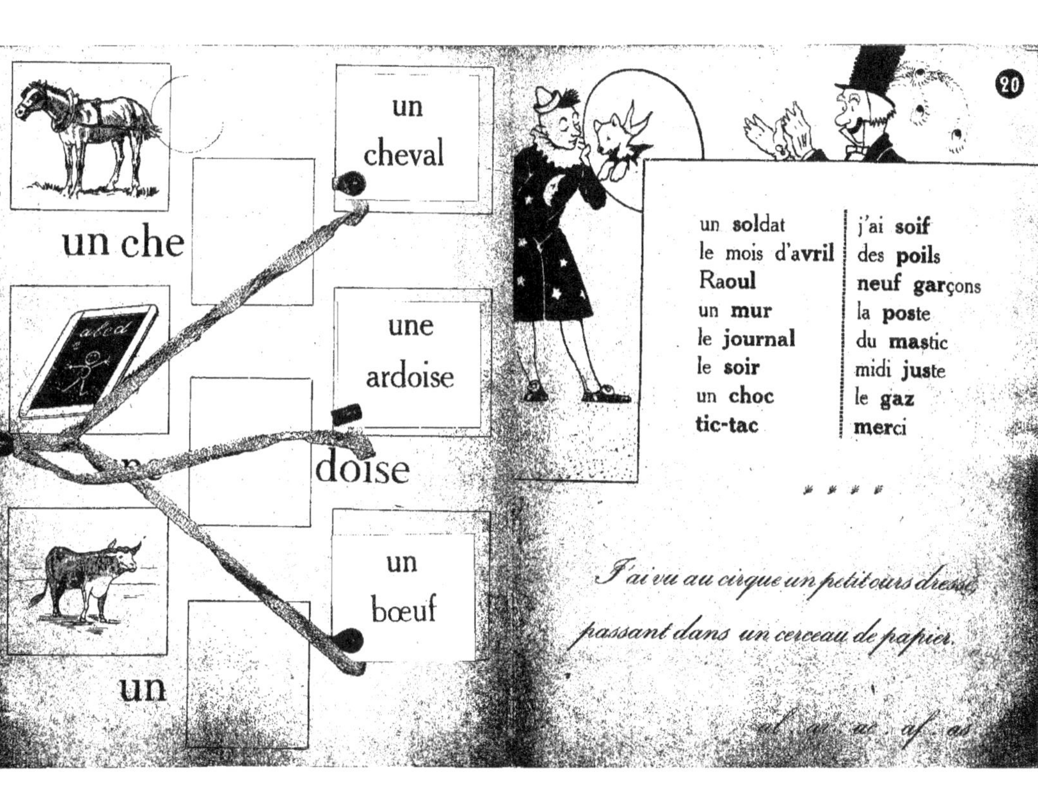

un soldat	j'ai **soif**
le mois d'**avril**	des **poils**
Raoul	neuf **gar**çons
un **mur**	la **poste**
le **journal**	du **mastic**
le **soir**	midi **juste**
un **choc**	le **gaz**
tic-tac	**merci**

J'ai vu au cirque un petit ours dressé

passant dans un cerceau de papier.

tardera guère à les découvrir parmi des compagnes encore inconnues.

Et voilà acquises " les clés " qui, avec l'attrait de l'image, vont amener normalement l'enfant à la connaissance de mots nouveaux et au déchiffrage des petits textes bien choisis.

Ainsi, par la combinaison des méthodes synthétique et analytique, se suivant, s'aidant, les mots clés lui étant constamment un appui, un excitant sensoriel, l'enfant fera son apprentissage de la lecture avec la même hâte joyeuse qu'y ont apportée les petits élèves de Mademoiselle Cunéo.

Chacun, d'ailleurs, marchera à son rythme puisque les pages de ce bel album se détachent et se prêtent aux exercices individuels si particulièrement recommandés dans cette initiation.

J. AUROY

Inspectrice des Écoles de la Seine.

NOTE DE L'ÉDITEUR

Les cadres sans impression de la page de gauche sont destinés, les premiers à recevoir les syllabes-clés indiquées sur une face des étiquettes et qui complètent les mots inachevés ; les seconds sont destinés à recevoir les mots entiers figurés sur l'autre face de l'étiquette.

QUI SÈME BIEN RÉCOLTE BIEN

www.ingramcontent.com/pod-product-compliance
Lightning Source LLC
LaVergne TN
LVHW021752170726
843503LV00004B/1837